Der Heidengraben –
Ein keltisches Oppidum
auf der Schwäbischen Alb

Führer zu archäologischen Denkmälern in Baden-Württemberg

Herausgegeben vom Landesamt für Denkmalpflege im Regierungspräsidium Stuttgart

Band 27

Der Heidengraben – Ein keltisches Oppidum auf der Schwäbischen Alb

Von **Dorothee Ade, Manuel Fernández-Götz,**
Lisa Rademacher, Gerd Stegmaier, Andreas Willmy

mit Beiträgen von
Christel Bock, Sybil Harding,
Frieder Klein, Achim Lehmkuhl, Michael Nick,
Andreas Thiel

Kommissionsverlag · Konrad Theiss Verlag · Stuttgart

Gefördert vom
Ministerium für Finanzen und Wirtschaft Baden-Württemberg –
Oberste Denkmalschutzbehörde

Die Herausgabe dieses Führers wurde
unterstützt von folgenden Institutionen

Stiftung
Kreissparkasse
Esslingen-Nürtingen

Kreissparkasse
Reutlingen

Biosphärengebiet
Schwäbische Alb

Gesellschaft
für Archäologie
in Württemberg
und Hohenzollern e.V.

IMPRESSUM

2. Auflage 2013

Redaktion und Gestaltung:
Verlagsbüro Wais & Partner, Stuttgart
Produktion: Konrad Theiss Verlag, Stuttgart
Druck: Grafisches Centrum Cuno, Calbe
Printed in Germany
ISBN 978-3-8062-2761-1
Stuttgart 2012

Inhalt

Vorwort

Der Heidengraben gehört zu den bedeutendsten und bekanntesten archäologischen Denkmälern Baden-Württembergs. Die Erstauflage des Heidengrabenführers erschien 1971 aus der Feder Franz Fischers als Heft 2 der „Führer zu vor- und frühgeschichtlichen Denkmälern in Württemberg und Hohenzollern". Die zweite Auflage wurde dann 1979 bereits in der neuen Reihe „Führer zu archäologischen Denkmalen in Baden-Württemberg" von der Gesellschaft für Vor- und Frühgeschichte in Württemberg und Hohenzollern und dem Förderkreis für die ur- und frühgeschichtliche Forschung in Baden gemeinsam herausgegeben. Beide Auflagen sind lange vergriffen und durch die jüngeren Forschungen und Ausgrabungen auf dem Heidengraben spätestens seit den 1990er-Jahren auch inhaltlich überholt. Der vorliegende neue Führer ist somit ein lange überfälliges Desiderat der Landesarchäologie. Seine Herausgabe durch das Landesamt für Denkmalpflege fällt in das „Keltenjahr 2012" und in eine Zeit eines sich neu formierenden ehrenamtlichen und bürgerschaftlichen Engagements verschiedener Vereine und Initiativen auf dem Heidengraben. Hier ist ganz besonders der vor wenigen Jahren neu gegründete Verein FAKT zu nennen, der von den drei Heidengraben-Gemeinden, Hülben, Grabenstetten und Erkenbrechtsweiler, tatkräftig unterstützt wird.

Der Heidengraben liegt vor den Toren Stuttgarts und seines Ballungsraums in unmittelbarer Nachbarschaft wichtiger touristischer Ziele, etwa der Burg Hohenneuffen oder des volkskundlichen Freilichtmuseums in Beuren. Damit ist er ein wichtiges Naherholungsgebiet und besitzt auch ein gewisses touristisches Potenzial. Die archäologischen Denkmäler, insbesondere die zahlreichen noch obertägig erhaltenen Befestigungswerke der größten bisher nachgewiesenen Stadtanlage der gesamten keltischen Welt, sind durch Wanderwege und Informationstafeln gut erschlossen. Mit diesem Führer liegt nun endlich auch ein Buch vor, das wissenschaftlich fundierte Hintergrundinformationen in allgemein verständlicher Form bietet.

Er richtet sich an das breite Publikum, vermag aufgrund der Berücksichtigung aktueller Grabungs- und Forschungsergebnisse aber auch den Fachleuten einiges an neuen Einblicken zu vermitteln.

Allen, die zur Realisierung des Buches beigetragen haben, möchte ich an dieser Stelle unseren Dank sagen. Zu größtem Dank verpflichtet sind wir der Gesellschaft für Archäologie in Württemberg und Hohenzollern, namentlich Herrn Vorsitzenden Prof. Dr. Dieter Planck und Frau Geschäftsführerin Regina Wimmer, für die finanzielle und organisatorische Unterstützung. Die Manuskripterstellung wurde aus Projektmitteln des Förderprogramms Biosphärengebiet Schwäbische Alb finanziert. Großzügige Unterstützung erfuhr das Buchprojekt auch durch die Kreissparkasse Reutlingen und die Kreissparkassenstiftung Esslingen-Nürtingen. Den Verantwortungsträgern des Biosphärengebiets, der Kreissparkasse Reutlingen und der Kreissparkassenstiftung Esslingen-Nürtigen, möchte ich an dieser Stelle herzlich für die Förderung danken.

Die Manuskripterstellung ging Hand in Hand mit der Vorbereitung einer Ausstellung zum Heidengraben, die ab November 2012 zu-

1 Trauf der Schwäbischen Alb. Im Vordergrund das Gebiet des Heidengrabens.

nächst im Universitätsmuseum auf Schloss Hohentübingen gezeigt und später an verschiedenen Orten im Umfeld des Heidengrabens als Wanderausstellung präsentiert wird. In diesem Zusammenhang gebührt der Koordinatorin des Autorenkollektivs, Frau Dr. Dorothee Ade, unser besonderer Dank. Ihre gemeinsam mit Andreas Willmy M. A. über zwei Semester an der Universität Tübingen durchgeführte Lehrveranstaltung zum Heidengraben war die ideale Basis, um die wissenschaftlichen Erkenntnisse in einem Führer und in einer Ausstellung der breiten Öffentlichkeit zu vermitteln. In diesem Zusammenhang ist auch den Studierenden und Dozenten des Tübinger Instituts für Vor- und Frühgeschichte für ihre engagierte Unterstützung zu danken. Dass im vorliegenden Füh-

rer auch neueste Forschungs- und aktuellste Grabungsergebnisse berücksichtigt und erstmals zusammenfassend dargestellt werden konnten, ist der Mitwirkung von jungen kompetenten Experten für die Archäologie der Kelten im Allgemeinen und für den Heidengraben im Besonderen zu verdanken. Unser Dank gilt Herrn Gerd Stegmaier M. A., dem derzeit sicherlich besten Kenner der keltischen Denkmäler auf dem Heidengraben, Herrn Dr. Manuel Fernández-Götz, Lisa Rademacher M. A. und allen anderen Autoren für ihre wichtigen Beiträge. Ohne die Arbeit von zahlreichen ehrenamtlichen Beauftragten, die Jahr für Jahr die Äcker und Baustellen begehen und so manchen keltischen Befund vor Pflug und Bagger gerettet haben, wären viele wichtigen Entdeckungen der letzten Jahre aber im Verborgenen geblieben. In diesem Zusammenhang möchte ich stellvertretend Herrn Achim Lehmkuhl im Namen der Landesdenkmalpflege für seinen unermüdlichen ehrenamtlichen Einsatz auf dem Heidengraben danken.

Die Redaktions-, Satz- und Layoutarbeiten lagen in den Händen des Verlagsbüros Wais & Partner.

Unser Dank gilt schließlich dem Ministerium für Finanzen und Wirtschaft, oberste Denkmalschutzbehörde, für die maßgebliche finanzielle Förderung der Produktionskosten des Buches.

Ich bin sicher, dass der neue Heidengrabenführer seinen Platz nicht nur in den in- und ausländischen Fachbibiotheken, sondern auch in den Stadt-, Gemeinde- und Schulbüchereien der Region und nicht zuletzt in zahlreichen Privathaushalten finden wird. Bleibt zu hoffen, dass die wissenschaftliche Erforschung und die touristische Erschließung des Heidengrabens in den nächsten Jahren und Jahrzehnten weitere Fortschritte machen. Genauso wichtig ist es aber auch, Lösungen für einen nachhaltigen Schutz dieses weltweit einmaligen archäologischen Denkmals zu entwickeln, damit die schleichende Zerstörung durch Baumaßnahmen, Erosion und Landwirtschaft zumindest in Teilen gestoppt werden kann. Möge dieser Führer dazu beitragen!

Esslingen im August 2012

Prof. Dr. Dirk Krausse

Einleitung

Seit Franz Fischers letzter aktualisierter Auflage des archäologischen Führers zum Heidengraben bei Grabenstetten im Jahr 1982 sind nunmehr 30 Jahre vergangen. Das anlässlich der großen Landesausstellung „Welt der Kelten. Zentren der Macht – Kostbarkeiten der Kunst" ausgerufene Keltenjahr 2012 war der gebührende Anlass, auch den Führer zum größten spätkeltischen Oppidum auf dem europäischen Kontinent neu zu schreiben. Eine Neubearbeitung war notwendig geworden, weil bereits kurz nach Erscheinen der letzten Auflage verstärkt Ausgrabungen in der durch landwirtschaftliche Nutzung stark gefährdeten frühkeltischen Nekropole auf dem Burrenhof begannen und etwa zehn Jahre später auch Forschungen im Bereich des Oppidums erneut einsetzten. Dabei wurde nicht nur ausgegraben – oft genug Notgrabungen –, sondern man wandte auch moderne, zerstörungsfreie Methoden wie Geomagnetik und Geoelektrik an oder führte Surveys, großflächige Begehungen und Aufsammlungen von Funden durch. All diese Untersuchungen, die bis heute andauern, haben mancherlei neue Erkenntnisse gebracht, die nach 30 Jahren erneut zusammenfassend dargelegt werden sollen. So können geschichtsinteressierte Besucher, Wanderer, Einheimische und nicht zuletzt auch Fachleute sich ein Bild von der Region Heidengraben nach dem derzeit aktuellen Stand der Forschung machen. Während vom Gräberfeld Burrenhof bereits große Teile erforscht sind, ist vom Oppidum erst weniger als ein Prozent der Fläche untersucht; aufgrund der dünnen Befundlage bleiben viele Fragen offen, über vieles lässt sich bislang nur spekulieren. Es werden noch etliche Untersuchungskampagnen notwendig sein, um dem Oppidum Heidengraben nach und nach seine Geheimnisse zu entlocken. Aber nicht nur die eisenzeitliche, auch die römische und die mittelalterliche Epoche mit ihren Siedlungen und Anlagen, wie die postulierten römischen Gutshöfe oder die rätselhaften Gebäude auf dem Burghörnle und dem Brucker Fels, harren einer weiteren Erforschung. Die historische Siedlungslandschaft auf der Vorderen Alb hat hier noch viel zu bieten.

Eine wichtige Rolle für Kenntnis, Bergung und Erhaltung der unter- und oberirdischen Denkmale und Hinterlassenschaften kommt den ehrenamtlichen Mitarbeitern der Denkmalpflege zu, die auf dem riesigen Gelände „nach dem Rechten schauen". Hier seien Achim Lehmkuhl aus Bempflingen, Franz Weiss aus Lenningen und seine Archäologische Gruppe sowie Günther Schwenkel aus Hülben erwähnt. Besonders Achim Lehmkuhl hat in den letzten Jahren bei Begehungen nicht nur fast völlig zerpflügte Gräber entdeckt, sondern auch zahlreiche Funde aus dem spätkeltischen Oppidum aufgesammelt und kartiert.

Die Recherche und Erstellung des neuen archäologischen Führers konnte in der knappen Zeit nur mit Hilfe eines Autorenteams bewältigt werden. Die Hauptautoren, zu denen auch Gerd Stegmaier M.A. gehört, der viele Grabungskampagnen geleitet hat und sich seit Jahren mit dem „Heidengraben" beschäftigt, wurden von weiteren Kolleginnen und Kollegen unterstützt, die zu Spezialthemen Stellung nehmen. Ich möchte mich an dieser Stelle bei allen Autoren herzlich bedanken.

Danken möchte ich auch für vielfältige Hilfestellung bei Recherchen, Fragen oder der Bildbeschaffung bei Dr. Jörg Bofinger, Ing. grad. Dieter Müller (a. D.), Dr. Claus Oeftiger, Wolfgang Ruck, Dr. Andreas Thiel vom Landesamt für Denkmalpflege im Regierungspräsidium Stuttgart, Herrn Dr. Frieder Klein, Dipl.-Rest. Tanja Kress, Christoph Schwarzer und Simone Korolnik vom Referat archäologische Denkmalpflege im Regierungspräsidium Tübingen, Thomas Hoppe M.A., Ulrike Klotter M.A., Dr. Ulrich Klein (a. D.), Dr. Matthias Ohm, Dr. Nina Willburger vom Landesmuseum Württemberg in Stuttgart, Prof. Dr. Martin Bartelheim, Prof. Dr. Jörn Staecker, PD Dr. Thomas Knopf und Sybil Harding M.A. vom Institut für Ur- und Frühgeschichte und Archäologie des Mittelalters der Universität Tübingen sowie Achim Lehmkuhl und Christel Bock, Bempflingen, Matthias Seitz M.A. und Karin Sieber-Seitz, ARCHÄO Rottenburg, Dieter Hagmann, Bietigheim, und Thomas Blank, Erkenbrechtsweiler.

Mein besonderer Dank gilt Herrn Prof. Dr. Dirk Krausse, der es ermöglicht hat, dass das Werk in der Reihe „Führer zu archäologischen Denkmälern in Baden-Württemberg“ erscheinen konnte.

Rottenburg am Neckar, August 2012

Dorothee Ade

Die Kelten

Ein Volk und seine Geschichte

Der Heidengraben ist das größte keltische Geländedenkmal auf dem europäischen Festland. Er liegt auf der vom Albtrauf sowie den Tälern der Elsach, Erms und Lauter begrenzten Hochfläche, rund um die Gemeinden Erkenbrechtsweiler und Grabenstetten sowie zu einem kleinen Teil auch auf Hülbener Markung. Die Flächenangaben schwanken zwischen 1667 und 1700 ha, da die nicht einfache Kombination der begrenzenden Wälle, Plateauränder und Talsperren eine genaue Abgrenzung schwierig machen.

Im Bewusstsein der Einheimischen hatten diese Anlagen schon immer ihren Platz, wie am Ortsnamen Grabenstetten und etlichen Flurnamen auf „Graben" abzulesen ist. Die Bezeichnung „Heidengraben" – die jeden der einzelnen Wallabschnitte benennt und entsprechend in der topographischen Karte sieben Mal erscheint – verrät zudem die althergebrachte Ansicht über ein unvordenkliches, in vorchristliche, heidnische Zeit zurückreichendes Alter der Wälle und Gräben.

Dass ihre Erbauer tatsächlich heidnische Kelten waren, konnte man noch nicht wissen, wie auch das Verhältnis zu den ebenfalls augenfälligen Grabhügeln beim späteren nach ihnen benannten Burrenhof erst durch Forschungen seit dem späten 19. Jh. klar wurde. Die „Burren" sind gleichfalls keltischen Ursprungs, wenn auch grob gerechnet ein halbes Jahrtausend älter als die Wälle. Somit umfassen die keltischen Hinterlassenschaften im Gebiet des Heidengrabens die frühe und die späte Keltenzeit und damit Beginn und Ende der keltischen Kultur in unserem Raum.

Die ältere Keltenzeit wird nach einem großen und früh erforschten Gräberfeld im österreichischen Salzkammergut als Hallstattzeit bezeichnet. Die Hallstattkultur lässt sich ohne Brüche aus der vorhergehenden späten Bronze- oder Urnenfelderzeit ableiten, deren Traditionen sie zum Teil noch eine Weile fortführte. Auch beim Burrenhof gehören die ältesten Gräber noch der Urnenfelderzeit an.

Die Hallstattzeit ist gleichbedeutend mit der älteren Eisenzeit, da von nun an Eisen mehr und mehr die Bronze bei Waffen und Werkzeugen ersetzte. Sie beginnt im frühen 8. Jh. und dauert bis zur Mitte des 5. Jh. v. Chr. Herausragende Fundstellen dieser Zeit im Land sind etwa das – nicht beraubte – „Fürstengrab" von Eberdingen-Hochdorf oder die bereits stadtartige Heuneburg an der oberen Donau, wo wir ein Ensemble aus repräsentativ befestigter Siedlung auf der Höhe, weitläufiger „Unterstadt" und Großgrabhügeln in der Umgebung vorfinden.

Zur Zeit von Hochdorf und Heuneburg, im 6. und 5. Jh. v. Chr., bestanden regelmäßige Kontakte zu Griechen und Etruskern im Mittelmeerraum, ablesbar u. a. an von dort eingeführtem Luxusgeschirr. Entsprechend stammen die ersten Nachrichten antiker Autoren über Kelten aus dieser Zeit.

Im 5. Jh. v. Chr. beendeten Umwälzungen, deren Ursachen und Natur noch weitgehend ungeklärt sind, die Ära der mediterranen Luxus liebenden „Hallstattfürsten". Es folgte eine vergleichsweise oft beinahe egalitär und deutlich kriegerischer wirkende Gesellschaft, nach einem Fundort in der Schweiz am Ufer des Neuenburgersees als Latènekultur bezeichnet. Die Latènezeit oder jüngere Eisenzeit ist nicht we-

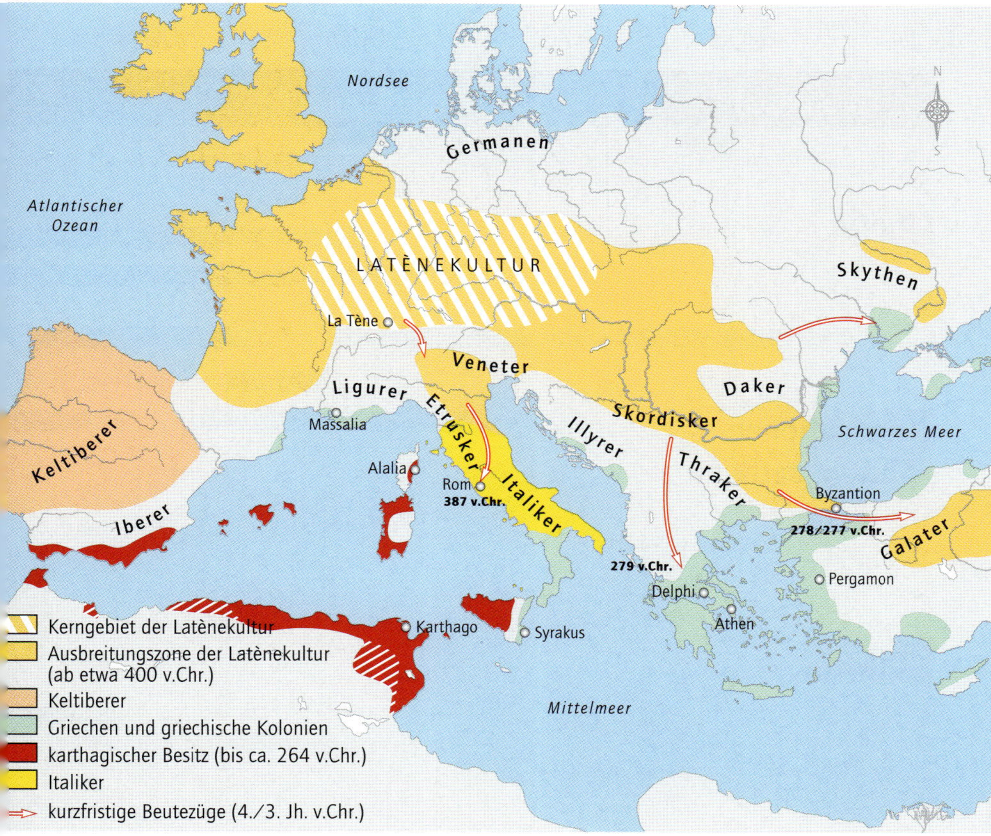

nig geprägt vom direkten Kontakt mit Griechen und Römern, die mit Einsetzen der keltischen Wanderungen nach Süden und Südosten gegen 400 v.Chr. häufig mehr mit Kelten zu tun bekamen, als ihnen lieb sein konnte. Genannt sei hier nur die Einnahme Roms durch keltische Scharen 387 v.Chr. oder die Plünderung des Orakels von Delphi 279 v.Chr. Kelten, von den Römern Gallier und bei den Griechen Galater genannt, waren bald als Söldner im ganzen Mittelmeerraum gefragt. Als solche kamen sie auch nach Kleinasien, wo sie bis weit in christliche Zeit hinein im heutigen Zentralanatolien siedelten (Galaterbrief des Paulus).

Es ist dies auch die Zeit der Latènekunst, die griechisch-etruskische Anregungen aufnahm und zu einem ganz eigenständigen, originellen und unverwechselbaren Stil umformte.

Im 3. und 2. Jh. v.Chr. unterwarf oder verdrängte das expandierende, zukünftige Römische Weltreich die Kelten in Italien und Südgallien. Zugleich entstanden nun auch nördlich der Alpen, sicher nicht ohne mediterrane Anregungen, die Großsiedlungen und Oppida, von denen auch der Heidengraben eines war. Deren Ende im letzten vorchristlichen Jahrhundert markiert auch das Ende der eigenständigen keltischen Kultur in unserem Raum.

ZEITTAFEL KELTEN

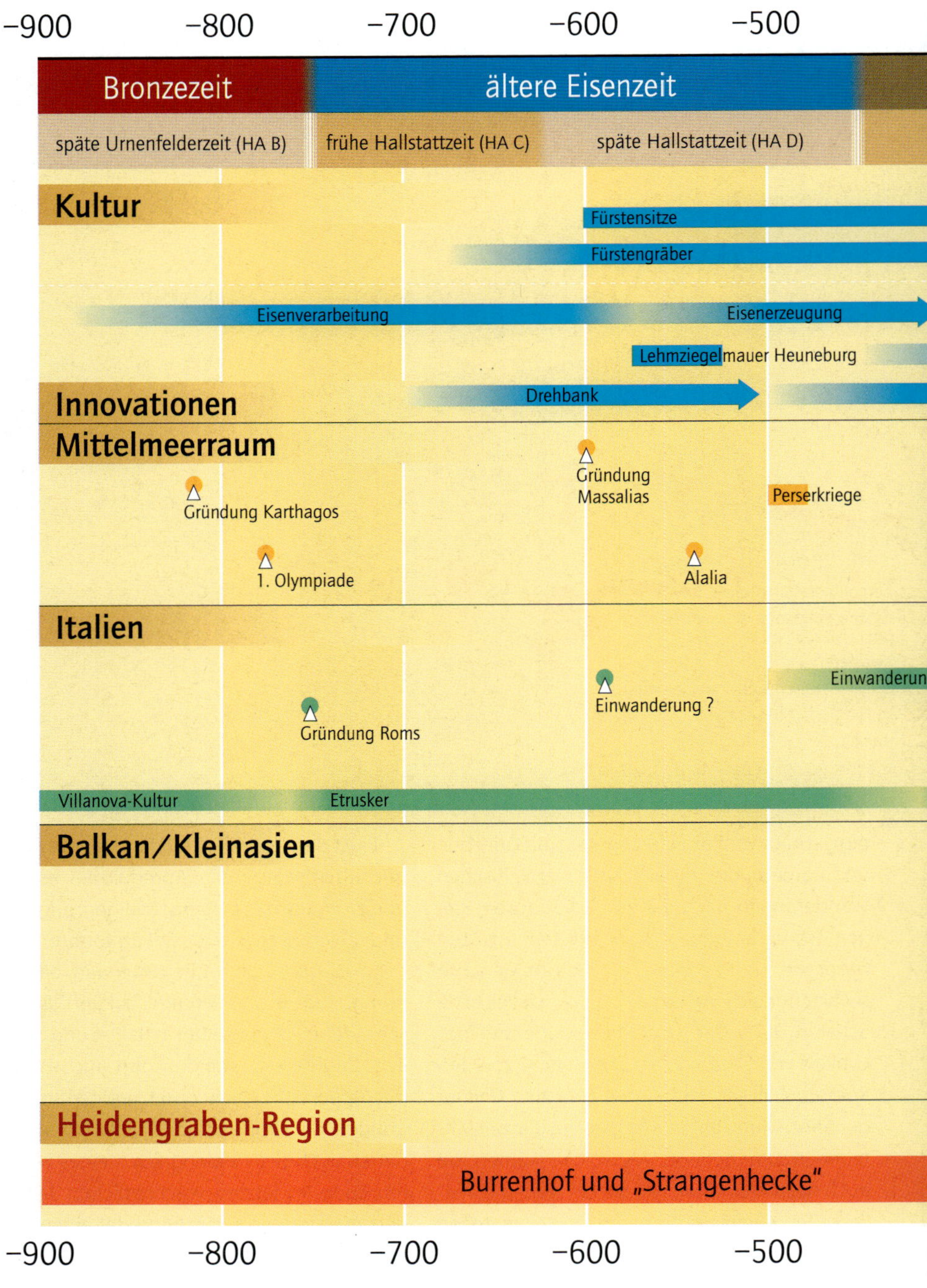

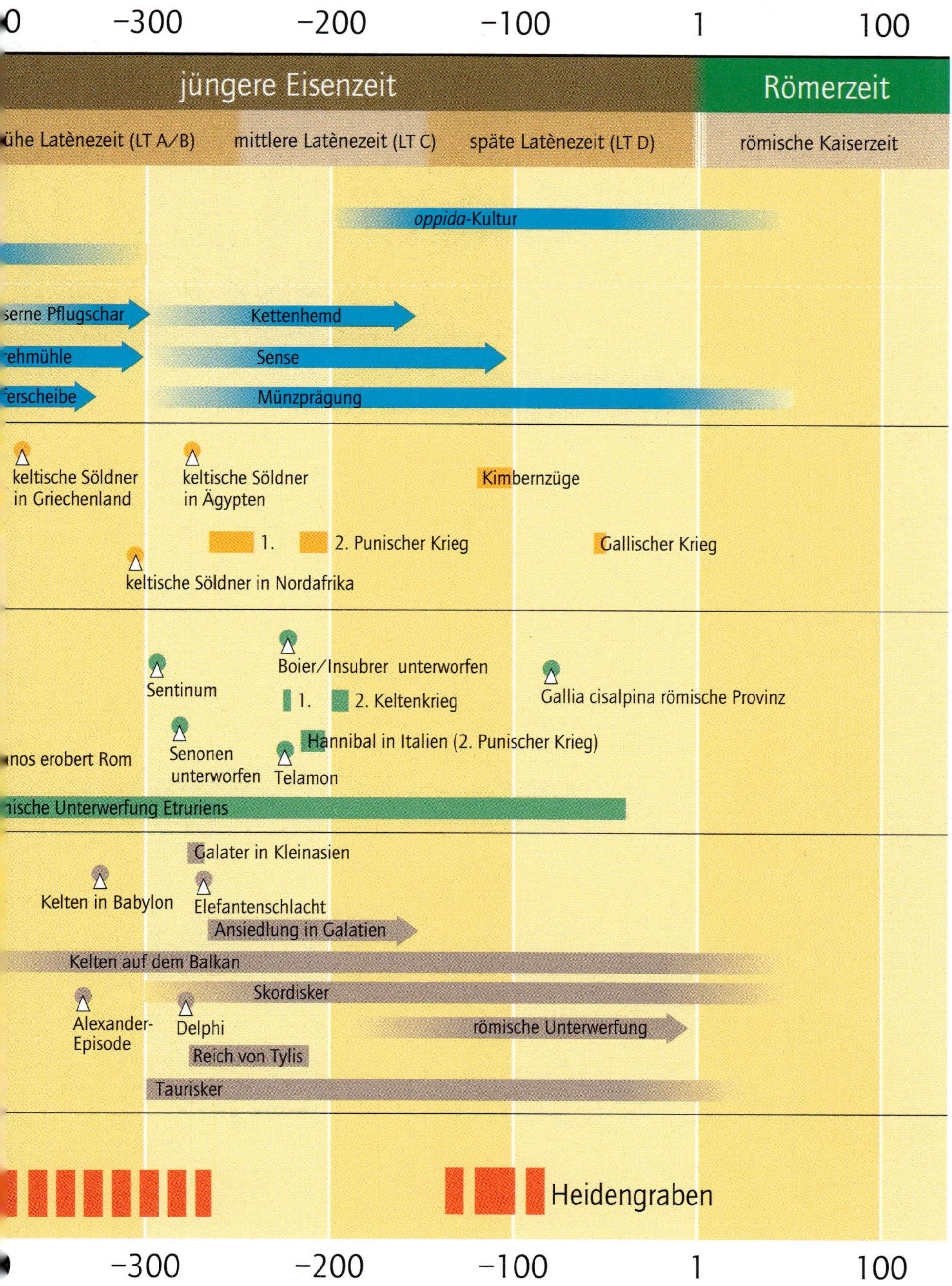
0
-300
-200
-100
1
100
jüngere Eisenzeit
Römerzeit
ühe Latènezeit (LT A/B)
mittlere Latènezeit (LT C)
späte Latènezeit (LT D)
römische Kaiserzeit
oppida-Kultur
serne Pflugschar
Kettenhemd
ehmühle
Sense
erscheibe
Münzprägung
keltische Söldner in Griechenland
keltische Söldner in Ägypten
Kimbernzüge
1.
2. Punischer Krieg
Gallischer Krieg
keltische Söldner in Nordafrika
Boier/Insubrer unterworfen
Sentinum
1.
2. Keltenkrieg
Gallia cisalpina römische Provinz
Hannibal in Italien (2. Punischer Krieg)
nos erobert Rom
Senonen unterworfen
Telamon
ische Unterwerfung Etruriens
Galater in Kleinasien
Kelten in Babylon
Elefantenschlacht
Ansiedlung in Galatien
Kelten auf dem Balkan
Skordisker
Alexander-Episode
Delphi
römische Unterwerfung
Reich von Tylis
Taurisker
Heidengraben
-300
-200
-100
1
100

Der Keltenbegriff – Deutungen, Irrtümer, Realität

Es gibt nur wenige Begriffe, die so unterschiedlich verwendet werden wie „Kelten“, und dies sowohl in der Forschung als auch in der breiten Öffentlichkeit. Hinter der Bezeichnung „keltisch“ können sich je nach Wissensstand und Kontext die verschiedensten Vorstellungen und oft auch Irrtümer verbergen, von Stonehenge bis „Braveheart“, von irischer Volksmusik bis schottischem Whisky und von Vercingetorix bis König Artus. Viele weit verbreitete Ideen, wie z.B. die Verbindung zwischen spätkeltischen Druiden und Megalithgräbern, sind schlichtweg falsch. Andere treffen im Wesentlichen zu oder besitzen zumindest einen Kern an Wahrheit, wie die Zuschreibung der Latènekunst oder der gallischen Oppida an die Kelten.

Wir müssen von der Feststellung ausgehen, dass der Begriff „Kelten“ vielschichtig ist und

4 Verbreitung der keltischen Sprachen von der Iberischen Halbinsel bis nach Anatolien im 2.–1. Jh. v. Chr.

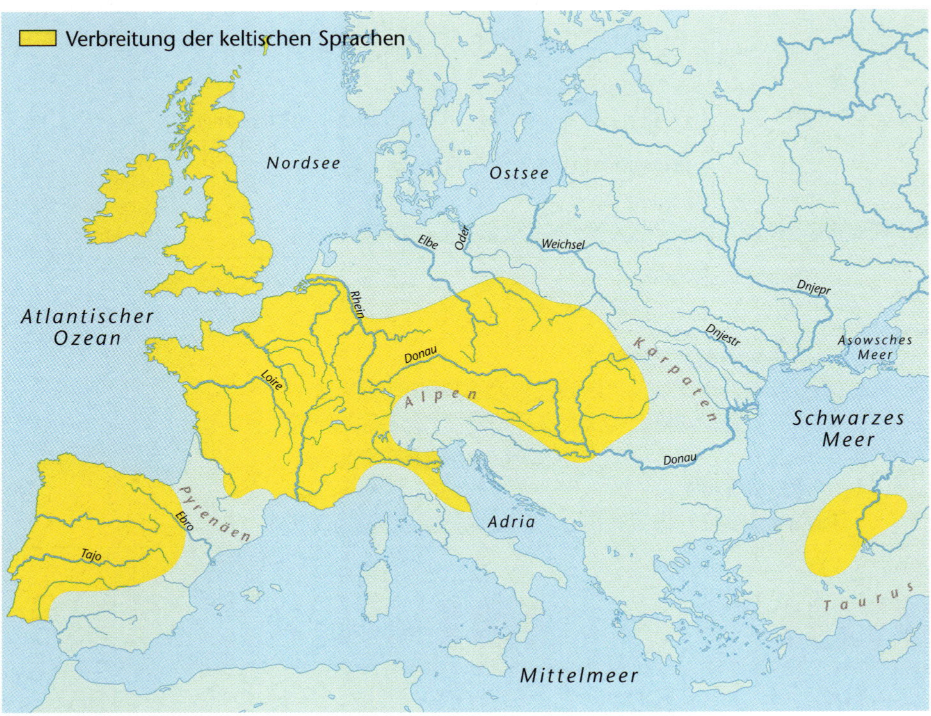

5 Kelten aktuell: 2005 trafen sich in Rottenburg am Neckar Keltengruppen aus mehreren Ländern Europas.

das Ergebnis eines langen Entwicklungsprozesses darstellt, in dessen Verlauf Informationen und Interpretationen aus verschiedenen Zeiten und Räumen angesammelt und oft unkritisch vermengt wurden: Schilderungen antiker Schriftsteller, moderne Sprachforschung, archäologische Entdeckungen seit dem 19. Jh. und in manchen Fällen auch erfundene Traditionen, die nichts mit der historischen Realität zu tun haben (z. B. „Neudruidentum").

Die entscheidende Frage lautet aber: Was bedeutete der Begriff „Kelten" für die Menschen der Antike? *Keltoi* ist der erste Völkername, der uns für die Bevölkerungen nördlich der Alpen überliefert wird. Die frühesten Erwähnungen stammen von den Griechen Hekataios (wenn auch nicht unumstritten) und Herodot, deren Berichte um 500 bzw. 450 v. Chr. datieren. Angesichts dieser Zeitstellung wird in der Forschung die Späthallstattzeit häufig als „frühkeltisch" bezeichnet.

Man muss sich aber immer bewusst sein, dass es sich bei dem überwiegenden Teil der schriftlichen Nachrichten über „Kelten" um Bezeichnungen von außen handelte, die von Griechen und Römern verfasst wurden und nicht unbedingt die Identität der einheimischen Bevölkerungen Mittel- und Westeuropas widerspiegeln müssen. Neuere Studien von Forschern wie John Collis oder Sabine Rieckhoff haben nämlich gezeigt, dass es „*die* Kelten" als einheitliche Wir-Gruppe, die sich von den Atlantikküsten bis nach Anatolien erstreckte, nie gegeben hat. Stattdessen existierten während des 1. Jt. v. Chr. eine Vielzahl an ethnischen Gruppierungen kleinerer Größenordnung, die von den griechischen und römischen Geschichtsschreibern in vielen Fällen unter dem Sammelbegriff „Kelten" zusammengefasst wurden. Aufgrund welcher Merkmale diese Autoren das Etikett „keltisch" vergaben, bleibt dabei häufig offen und ebenso, woher ihre Informationen stammen. Nicht selten wurden Angaben aus mehreren Jahrhunderten und ganz verschiedenen Gegenden zusammengeworfen.

Festzuhalten bleibt, dass die Identität der eisenzeitlichen Menschen in erster Linie mit ihrem Haushalt, ihrem Familienverband und jeweiligem Stamm verbunden war, nicht aber mit diffusen Sammelbegriffen wie „Kelten" oder „Germanen". Mit anderen Worten: Die Leute fühlten sich vorwiegend als Treverer, Helvetier,

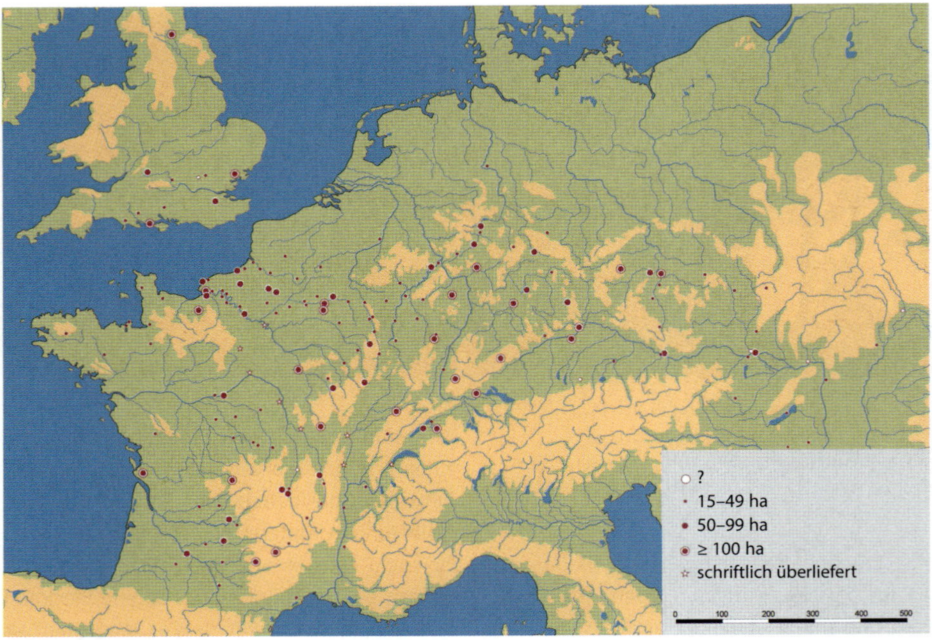

6 Verbreitungskarte der keltischen Oppida in Mittel- und Westeuropa.

Haeduer, Arverner etc. und nicht als „Kelten" oder „Gallier". Ethnische Identitäten sind aber immer dynamisch und von den Zeitumständen abhängig, sodass man sowohl die historische Entwicklung als auch die ständige Wechselbeziehung zwischen eigenen und fremden Bezeichnungen berücksichtigen muss. So könnte z.B. durch zunehmende Kontakte mit den Kulturen des Mittelmeerraums im Laufe der Zeit bei manchen Personen eine gewisse „keltische" Identität entstanden sein, ähnlich wie sich später die Ureinwohner Nordamerikas mit dem von den Europäern geprägten Begriff „Indianer" vertraut machten oder die Australiens mit dem Namen „Aborigines".

„Droben auf dem Berge ...“ – der Naturraum

Das spätkeltische Oppidum Heidengraben liegt ca. 30 km südöstlich von Stuttgart auf einer vorgelagerten Berghalbinsel der Schwäbischen Alb. Schroffe Felsformationen und steil in die Täler abfallende Hänge grenzen das Areal in eindrucksvoller Weise von der umgebenden Landschaft ab. Die einzige Verbindung zur eigentlichen Hochfläche der Alb besteht über eine nur 300 m breite „Landbrücke“ südlich des heutigen Ortes Grabenstetten.

Das auch als Grabenstettener oder Erkenbrechtsweiler Berghalbinsel bezeichnete Gebiet, auf dem sich die Befestigungsanlagen des spätkeltischen Oppidum Heidengraben erstrecken, gehört zur so genannten Vorderen Alb und liegt auf einem Niveau von rund 690 bis 720 m über NN. Es weist ein sehr gleichmäßiges und damit für die Besiedlung außerordentlich günstiges Relief auf.

Flankiert wird die Hochfläche auf ihrer nördlichen bzw. südlichen Seite durch die beiden tief einschneidenden Täler der Lenninger Lauter und der Erms. Sie waren maßgeblich für die Herausbildung der Berghalbinsel verantwortlich und bestimmen das heutige Aussehen der Landschaft entscheidend.

Der Höhenunterschied zum Neckartal und zum Albvorland liegt im Bereich von 300 bis 400 m. Die Entfernung zum Neckar selbst, der hier der Schwäbischen Alb sehr nahe kommt, beträgt etwa 10 km.

Den geologischen Untergrund bilden die Schichten des Oberen Jura (Weissjura δ-ζ). Dieser ist jedoch, gerade was die Wasserversorgung anbelangt, für eine Besiedlung durch den Menschen eher schlecht geeignet. So führen die ausgeprägten Karstverhältnisse und die dadurch hervorgerufene Wasserdurchlässigkeit des Gesteins zu einem raschen Versickern des Niederschlags. Bis in das 20. Jh. hinein war daher auf der Schwäbischen Alb die ausreichende Verfügbarkeit von Trinkwasser ein nicht zu unterschätzendes Problem.

In der Region um den Heidengraben wirkt diesem negativen Effekt jedoch ein geologisches Phänomen entgegen, das auch unter dem Begriff „Kirchheim-Uracher-Vulkanismus“ bekannt geworden ist. Dabei handelt es sich um eine tertiäre Vulkanaktivität, die zahlreiche Basaltschlote im Kalkgestein der Vorderen Alb hinterlassen hat.

Oberhalb dieser wasserundurchlässigen Basaltschlote entstanden zahlreiche Seen, Tümpel und Teiche, die auch als „Hülen“, „Maare“ oder „Reiße“ bekannt wurden. Das in diesen Hülen sowie in künstlich angelegten Brunnen aufgestaute und gesammelte Wasser gewährleistete bis in moderne Zeit das Überleben der Menschen sowie ihrer Nutz- und Haustiere. Daher wurden auch alle drei der in Verbindung mit dem Heidengraben stehenden Ortschaften – Hülben, Grabenstetten und Erkenbrechtsweiler – im Mittelalter auf solchen Vulkanschloten gegründet.

Im Ortsnamen Hülben spiegelt sich dabei die große Bedeutung der Hülen eindrucksvoll wider. Nach Auskunft des ehrenamtlichen Mitarbeiters der archäologischen Denkmalpflege in Baden-Württemberg, Herrn G. Schwenkel, gibt es noch heute innerhalb des Ortes Hülben

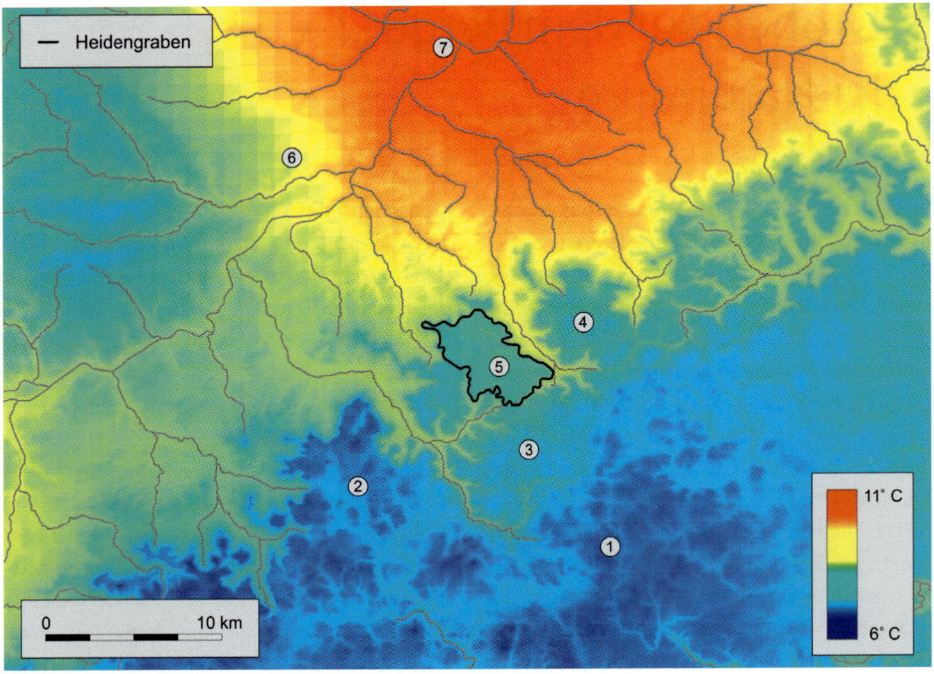

7 Mittlere durchschnittliche Jahrestemperatur auf der Vorderen Alb (mit Lage der Messpunkte, vgl. Tabelle unten).

Höhen-, Temperatur- und Niederschlagswerte sowie daraus resultierende Daten zum Frühlingsbeginn und zur Vegetationsperiode.

Messpunkt	Höhe Ø m	MTJ °C	MJN SUM mm	FB TDJ Tag	Δ FB Tage	VEG Tage	Δ VEG Tage
1. Albhochfläche	845	6,1	968	134,7	0,0	172,8	0,0
2. St. Johanner Alb	773	6,4	940	133,4	1,3	174,3	1,5
3. Hinterland Heidengraben	761	6,8	971	131,4	3,3	176,3	3,5
4. Lenninger Alb	762	7,2	1030	130,0	4,7	178,4	5,6
5. Oppidum Heidengraben	692	7,4	912	128,7	6,0	179,4	6,6
6. Filderebene	409	8,2	737	124,0	10,7	183,5	10,7
7. Neckartal	271	11,1	812	112,0	22,7	198,2	25,4

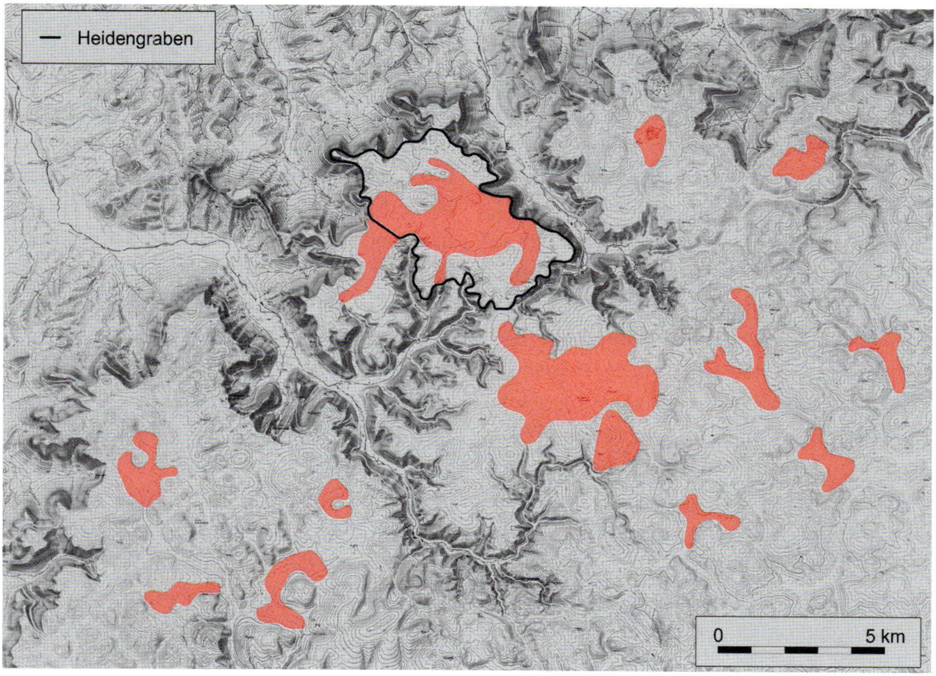

8 Schematische Kartierung der fruchtbaren mittel- bis tiefgründigen Böden im Bereich der Vorderen Alb.

sechs existente Brunnen, die mehrere tausend Liter Wasser in trinkbarer Qualität führen.

Zu diesen Wasserstellen und Brunnen treten mehrere ganzjährig schüttende Traufquellen. Von einer erkennbaren Knappheit der Ressource Wasser kann daher im Fall des Heidengrabens, trotz seiner Lage in einem Karstgebiet, wohl nicht gesprochen werden.

Hinzu kommt, dass der Heidengraben mit einem durchschnittlichen Niveau von etwa 700 m über NN rund 50 m niedriger als die benachbarten Berghalbinseln von Lenningen und St. Johann bzw. die nach Osten anschließende Hochfläche der Schwäbischen Alb liegt. Dieser Höhenunterschied wirkt sich nicht nur auf die klimatischen Bedingungen, sondern auch auf den Beginn und den Verlauf der lokalen Vegetationsperiode vorteilhaft aus.

So liegt die mittlere durchschnittliche Jahrestemperatur im Bereich des Oppidums und seinem unmittelbaren Umfeld rund 1 °C höher als auf den angrenzenden und benachbarten Höhen. Nur die weiter nördlich gelegene Hochfläche der Lenninger Alb weist ein dem Heidengraben vergleichbar günstiges Klima auf, doch eignet sich hier die stark zergliederte Landschaft und Topographie nur schlecht für eine großflächige Besiedlung.

Das günstigere Klima bewirkt auch eine längere Vegetationsperiode. Dabei spielt der für die Entwicklung des Getreides und die gesamte Pflanzenphysiologie wichtige Frühlingsbeginn eine entscheidende Rolle. Dieser fällt im Bereich des Oppidums rund sechs Tage früher aus als auf der eigentlichen Albhochfläche, was die Entwicklung der angebauten Getreide und Nahrungsmittel positiv beeinflusst. Erkennbar ist dieses Phänomen auch ohne moderne Untersuchungstechniken, wenn in den Monaten zwischen Februar und April die jährliche Schneeschmelze beginnt und im Bereich des Heidengrabens erste Pflanzen keimen, während auf den Höhen des Umlands noch ausgedehnte Schneedecken zu finden sind.

Mit klimatischen Gunstregionen wie dem Neckartal und den Fildern kann der Heidengraben selbstverständlich nicht konkurrieren. Im Vergleich zu den benachbarten Höhen schneidet er jedoch wesentlich besser ab.

Ein besonderes Kennzeichen der Region um den Heidengraben zeigt sich darüber hinaus anhand der Verbreitung und Qualität der für die Agrarwirtschaft zur Verfügung stehenden Böden. Gerade im Umfeld des Oppidums konnten außerordentlich große Flächen an fruchtbaren mittel- bis tiefgründigen Lehmböden nachgewiesen werden, die sich für den Anbau von Pflanzen und Getreide bestens eignen. Davon liegen allein 800 ha innerhalb der Befestigungsanlagen, während im unmittelbaren Vorfeld der spätkeltischen Großsiedlung weitere 1200 ha für eine landwirtschaftliche Nutzung zur Verfügung standen.

Über die Bewaldung des Gebiets ist für die prähistorische Zeit relativ wenig bekannt. Dennoch darf davon ausgegangen werden, dass Bau- und Brennholz sowohl auf der Hochfläche als auch an den Hängen der Schwäbischen Alb in ausreichendem Maße vorhanden war. Gleiches gilt für den lokal anstehenden Kalkstein, der bei der Errichtung der ausgedehnten Befestigungsanlagen Verwendung fand. Noch heute finden sich auf der Grabenstettener, Erkenbrechtsweiler und Hülbener Berghalbinsel drei Steinbrüche, in denen Jurakalk abgebaut wird.

Insgesamt betrachtet zeigt sich somit, dass die naturräumlichen und topographischen Gegebenheiten die Errichtung einer Großsiedlung vom Format des Heidengrabens durchaus begünstigten. Die leicht zu befestigende Berghalbinsel mit ihrem vergleichsweise günstigen Klima und den ausgedehnten Ackerböden bot sich für die Anlage einer geschützten Höhensiedlung geradezu an. Dies zeigt sich nicht nur in spätkeltischer Zeit, sondern auch in den vorhergehenden Abschnitten der Bronze- und frühen Eisenzeit.

Forschungsgeschichte

„Ein geheimnisvolles Befestigungswerk aus uralter Zeit ...“

„Wir kennen alle den Heidengraben hinter dem Neuffen und seine verschiedenen Teile, ein geheimnisvolles Befestigungswerk aus uralter Zeit. Aus uralter Zeit können wir wohl sagen. Denn vor der Römerzeit hört für unsere Gegenden die genaue zeitliche Bestimmung ziemlich auf.“ (F. Hertlein 1905)

Erste Quellen, in denen der Heidengraben erwähnt wird, sind das Uracher Lagerbuch von 1454, das auf Blatt 72 den *„Haidengraben zu Nyffen“* nennt, sowie das Neuffener Kellerei-Lagerbuch von 1551 (Neuffener Kellerei-Lagerbuch 1551/1558, Bl. 411), in dem vom *„Heydengraben“* die Rede ist. Die Bezeichnung Heidengraben gibt deutlich die damalige Vorstellung wieder, die noch sichtbaren Wälle und Gräbern seien von heidnischen Menschen und damit vor uralter Zeit errichtet worden, sodass – nach F. Fischer – keine Erinnerung mehr daran existierte.

Seit dem 18. und vor allem im 19. Jh. setzten sich Historiker, Landeskundler und interessierte Bewohner der Gegend verstärkt mit den weitläufigen, im Gelände teils noch recht auffälligen Überresten der riesigen Befestigungsanlage und ihrer historischen Einordnung auseinander.

Bereits 1752 hatte Christian Friedrich Sattler in seiner „Historischen Beschreibung des Herzogthums Württemberg“ die sichtbaren Verschanzungen des Heidengrabens in die Zeit der römischen Okkupation Südwestdeutschlands eingeordnet. Er kannte bereits die frühe Nennung im Neuffener Lagerbuch und konnte so gegen den damaligen Uracher Bürgermeister Johann Wilhelm Kolb argumentieren, der in einem Schreiben vom 23. Oktober 1753 ernsthafte Zweifel an Sattlers Datierungsansatz hegte, da er der Meinung war, die Befestigungen wären ein Überbleibsel des Dreißigjährigen Krieges oder gar noch jüngeren Datums.

1824 veröffentlichte der Hengener Pfarrer M. Gratianus einen Aufsatz, in dem er mit eige-

9 Mit Bronzeblech beschlagene Radnabe eines vierrädrigen Wagens aus einem der 1893 geöffneten Hügel am Burrenhof. Im Grab lagen noch Reste weiterer Naben und Eisenreifen.

10 Die erste topographische Aufnahme der Befestigung auf dem Heidengraben erfolgte 1893 durch Major z. D. Julius Steiner.

nen Beobachtungen Sattlers Datierungsansatz ins Wanken brachte. Er erklärte, die Wälle des Heidengrabens wiesen nirgends typisch römische Mauern auf, ebenso wenig gäbe es auf dem besagten Gelände römische Ruinen oder weitere Funde dieser Zeitstellung. Bemerkenswert ist vor allem seine Schlussfolgerung, dass die Geradlinigkeit und Regelmäßigkeit des Wehrsystems jedoch eindeutig unter römischem Einfluss gestanden haben müsse. Aber noch interessanter ist seine Überlegung, dass es sich bei den Überresten des Heidengrabens um eine Zeit gehandelt haben müsse, in welcher „unsere Gegenden von den Ureinwohnern verlassen, aber auch nicht von den Römern besetzt waren, etwa vom Jahr Christi 51 bis 98 zurückgebliebene ackerbautreibende Eingeborene ihre Ländereyen gegen Überfälle des herüber gezogenen gallischen Gesindels mit dem Graben beschützen." Diese in Teilen erstaunlich modernen Ansätze zeichnen Gratianus als genauen Beobachter der sichtbaren Befunde sowie als Kenner antiker Quellen aus, denn die Beschreibung des „herüber gezogenen gallischen Gesindels" bezieht sich eindeutig auf Kap. 29 in Tacitus' Germania. Leider scheint dem Aufsatz Gratianus' keine große öffentliche Resonanz zuteil geworden zu sein, sodass J. Leichtlen 1825 unabhängig davon ebenfalls gegen Sattler Stellung nahm. In seinem Buch „Schwaben unter den Römern" teilt er zwar Sattlers Datierungsansatz, nimmt aber die Position ein, dass das Verteidigungssystem des Heidengrabens nicht in Beziehung zum Limes gestanden habe, sondern Teil der Grenzwehr zwischen den römischen Provinzen Obergermanien und Raetien gewesen sei.

Die Keltenfrage

Wenn auch die „Grenzmarch-Hypothese" Leichtlens lange Bestand hatte – die Verfasser der Landesbeschreibung „Das königliche Württemberg" übernahmen 1863 diese uneingeschränkt – so gab es doch auch immer wieder Gegenstimmen. 1841 erörterte H. Schreiber, die Wälle und Verschanzungen des Heidengra-

Rulaman und die Kalats

„Früher – so erzählt man sich noch heute – hätten die Bauern auf der Schwäbischen Alb auf jeden Fall zwei Bücher besessen: zum Einen die Bibel und zum Andern den prähistorischen Roman ‚Rulaman. Erzählung aus der Zeit der Höhlenmenschen und der Höhlenbären' (1878) des in Grabenstetten geborenen Autors David Friedrich Weinland." (Zitat aus dem Onlineauftritt der Gemeinde Grabenstetten)

Die Erzählung des Rulaman führt in die Vergangenheit der Schwäbischen Alb und reicht von der Altstein- bis in die Eisenzeit. Bemerkenswert ist in diesem Zusammenhang, dass Weinlands Held Rulaman vom Stamme der „Aimats", die Jäger- und Sammler sind, im Verlauf der Geschichte auf die aus dem Osten eingewanderten „Kalats" trifft. Damit sind die Kelten gemeint, welche aufgrund ihrer fortschrittlicheren Techniken wie der Töpferscheibe, dem Herstellen von Kleidern aus Flachs und Wolle sowie dem Verarbeiten von Bronze und Eisen, nach und nach die Steinzeitmenschen verdrängen und sich in der Region niederlassen. Sie werden von Weinland als feige, charakterlos und hinterlistig dargestellt, entsprechend den damaligen Franzosenklischees.

Auch wenn diese, wie wir heute wissen, arg rasche Abfolge der Zeiten von ca. 10 000–500 v.Chr. heute seltsam anmutet und die Kulturen nie aufeinandertrafen, so ist der Gedanke doch reizvoll und nahe liegend, dass der Autor, der ja geradezu auf dem Heidengraben geboren wurde, durch dessen Existenz und Ursprung zu solcher Schilderung angeregt worden sein könnte.

bens seien für solche von Leichtlen beschriebene Zwecke untauglich. Seine Überlegungen gingen jedoch noch weit darüber hinaus. Er zog die Verbindung zu den als „oppida" beschriebenen großen gallischen Hauptorten in Caesars *De Bello Gallico* und vermutete im Heidengraben – ganz zu Recht, wie wir heute wissen – eine solche gallische oder zumindest nach deren Vorbild geschaffene Anlage. Er fügte erstmals einen Plan der Wälle und Gräben bei, die der Hofdomänerat v. Gok beim Uracher Oberforstmeister und anerkannten Geologen Graf Friedrich von Mandesloh in Auftrag gegeben hatte. V. Gok hatte im Übrigen auf die Ähnlichkeiten mit den Verschanzungen bei Kirchzarten nahe Freiburg hingewiesen, dem uns heute als *Tarodunum* bekannten keltischen Oppidum.

Gegen Ende des 19. Jh. gewann dann spätestens mit der Neubearbeitung der Landesbeschreibung „Das königliche Württemberg" (Bd. 1, 1882) durch Eduard Paulus d. J. und die Schriften von Theodor Drück (1890) die Ansicht die Oberhand, den Heidengraben in vorrömische Zeit einzuordnen.

Um die Jahrhundertwende und bis in die späten 1920er-Jahre hinein entbrannte nun eine heftige Diskussion, ob die sichtbaren und teils auch bereits in diesen Jahren ergrabenen Überreste des Heidengrabens nun in die späte Hallstattzeit, also die ältere, oder aber doch in die jüngere Eisenzeit, die Latènezeit, eingeordnet werden sollten. Eine wichtige Grundlage hierfür bildeten die topographischen Aufnahmen der Befestigungsanlagen durch Major z. D. Julius Steiner (1893), weniger zuverlässig fortgeführt durch den Ulmer Stadtbaurat Braun und Lehrer Wetzel (1904).

Vor allem die Grabhügel vom Burrenhof heizten die Diskussion um Entstehung und Datierung einzelner Teile der Befestigungsanlagen an. Das Grabhügelfeld mit damals über 20

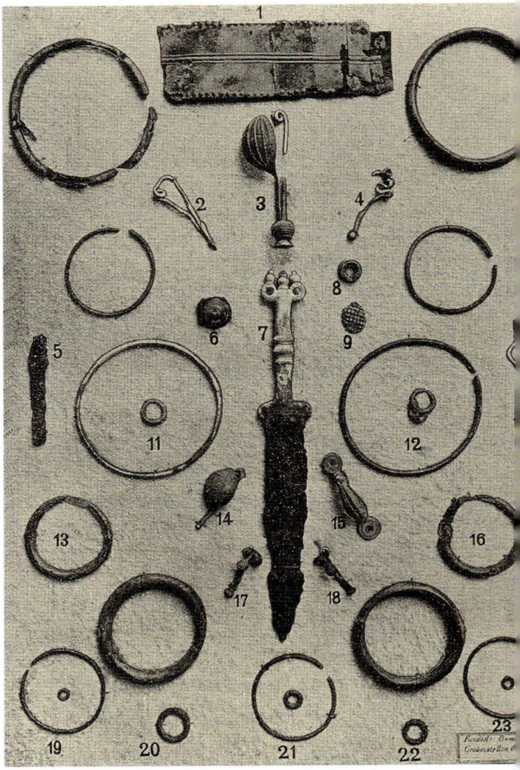

11 Funde von 1893 ausgegrabenen Grabhügeln beim Burrenhof: Gürtelblech, Fibeln, Arm-, Fuß- und Ohrringe aus Bronze; Eisendolch mit Bronzegriff (7).

noch sichtbaren Grabhügeln war seit Langem bekannt. Auch waren einzelne Hügel bereits abgetragen worden, und diverse Raubgräber hatten sich an den Grabmonumenten zu schaffen gemacht. Dies bewog die Gemeinde sowie die Staatssammlung der vaterländischen Kunst- und Altertumsdenkmale in Stuttgart 1893, die noch sichtbaren, vom Pflug verschonten Grabhügel ausgraben zu lassen. Unter der Leitung von J. Dorn und A. Witscher wurden mehrere Hügel in der damals üblichen Weise „angetrichtert". Die dabei geborgenen, teils reichen Grabbeigaben erlaubten eine Datierung in die Hallstattzeit (ca. 800–450 v. Chr.).

Ein Mann der Tat

Den entscheidenden Anstoß zur Lösung der Datierungsfrage gab Friedrich Hertlein. Die Datierung der Grabhügel und ihre unmittelbare Nähe zum Wall- und Grabensystem schien ihm Grund genug, zumindest den äußeren Wall des Heidengrabens, der die Zugänge zur Albhochfläche und aus den Tälern abriegelt, in vorkeltische Zeit einzuordnen. Hinzu kam, dass außer den hallstattzeitlichen Grabhügelfunden bis dato kaum jüngere, späthallstattzeitliche Kleinfunde aus dem inneren Bereich des Heidengrabens zutage gekommen waren. Dies änderte sich erst durch die kurzen Grabungen und genauen Beobachtungen Hertleins in den Jahren 1905/06 und 1909. Nach intensiven Untersuchungen des Oppidums von Finsterlohr oberhalb der Tauber bei Creglingen hatte sich Hertlein, der bereits durch seine Studien zum römischen Württemberg bekannt geworden war, nun dem Heidengraben zugewandt. Nach seinen Erkundungen des Geländes meinte er, zumindest in der von ihm so genannten Elsachstadt, dem inneren Bereich des Heidengrabens, den Hinweis auf ein typisch keltisches Oppidum nach gallischem Vorbild gefunden zu haben.

Zuvor hatte sich Hertlein noch der Meinung seiner Vorgänger angeschlossen, die äußere Befestigungslinie aufgrund der Grabhügelfunde in die Hallstattzeit einzuordnen. Dabei datierte er jedoch die Grabhügelfunde am Burrenhof einige Jahrhunderte später, in die Zeit des 4./3. Jh. v. Chr., und schrieb sie einer keltischen Landbevölkerung zu, die in der Zeit während und nach den keltischen Wanderungen nach Italien hier gelebt, aber noch keine Städte gekannt hätte (Hertlein 1905). Die Ergebnisse seiner Untersuchungen im Bereich der Elsachstadt und am Burrenhof, 1906 mit finanzieller Unterstützung des Schwäbischen Albvereins unternommen, ließen ihn diese kühne Hypothese jedoch schnell widerrufen.

Mit guter Begründung hatte Hertlein ganz richtig erkannt, dass es zwischen den hallstattzeitlichen Höhensiedlungen und den keltischen Oppida große, nicht zuletzt organisatorische Unterschiede gab und Erstere für die Verschanzungen des Heidengrabens nicht in Betracht kommen könnten. Jedoch waren ihm seine kurzen Sondierungen genug, um alle Befestigungslinien nun als gleichzeitig einzustufen und sie ins letzte vorchristliche Jahrhundert zu datieren. Eine hallstattzeitliche Vorgängersiedlung, welchen Aussehens auch immer, zog er gar nicht mehr in Betracht, obwohl er im gleichen Atemzug einen Teil des untersuchten latènezeitlichen Mauerwerks mit ähnlichen, von ihm als hallstattzeitlich eingestuften Befunden vom Ipf in Verbindung brachte (Hertlein 1909).

Diese Aussage rief in den nächsten Jahren Kritiker auf den Plan, welche die Datierung des Heidengrabens weiterhin in Frage stellten und die Diskussion bis in die 1940er-Jahre in Gang hielten. Vor allem die Grabhügelnekropole am Burrenhof und ihre Nähe zum Heidengraben dienten dabei immer wieder als Beleg für die Existenz einer hallstattzeitlichen Vorgängersiedlung.

Immerhin scheint die Debatte zumindest von Seiten Hertleins nicht ohne gelegentliche ironische Töne geführt worden zu sein: „Wir finden diese Hallstattgrabhügel ja immer mit Vorliebe an vorgeschichtlichen Höhenwegen; die Leute scheinen für ihre Toten etwas auf gute Luft und womöglich noch etwas Aussicht gehalten zu haben, und was die Bestattung an den Verkehrsstraßen betrifft, so liebte die ja auch die griechisch-römische Sitte für die Vermöglichen" (Hertlein 1909).

Die Datierungsfrage

Obgleich eine kurze Grabung Walter Veecks 1922, im Westen der Elsachstadt in der Flur „Strangenhecke", Siedlungsspuren der späten Hallstattzeit, der frühen Latènezeit sowie der römischen Kaiserzeit zutage förderte, konnte sich Peter Goesslers Hypothese einer hallstattzeitlichen Einordnung der Kernsiedlung des Heidengrabens nicht auf Dauer halten.

Bewegung in die verfahrene Situation brachte Kurt Bittel, der in seinem 1934 erschienenen Buch „Die Kelten in Württemberg" die gesamten latènezeitlichen Funde unseres Raumes zusammenfasste und darin auch die Diskussion um die Befunde und Funde am Heidengraben in ein neues Licht rückte.

Wie Hertlein stellte er den Bereich in und um die Elsachstadt in den Mittelpunkt des Interesses. Die Art der dort vorgefundenen Mauer- und Grabensysteme sowie die Anordnung und das Aussehen der Torbefunde ließen ihn diesen Bereich ganz richtig und in Hertleins Sinn in die späte Latènezeit, also das 2. oder 1. Jh. v. Chr. einordnen. Die Größe des gesamten Heidengrabens mit allen Außenbefestigungen, die Bittel ebenso wie Hertlein in seine Überlegungen zur Datierung einbezog, bewog auch ihn, hierin ein keltisches Oppidum zu sehen. Eine hallstattzeitliche Besiedlung in der „Strangenhecke" hielt Bittel durchaus nicht für abwegig, da die einzige Quelle der Hochfläche, bei der die Funde zutage gekommen waren, sicherlich schon immer einen guten Siedlungsplatz geboten habe (Bittel 1934). Auch einzelne Wälle könnten sehr wohl der Hallstattzeit angehört haben. Im Ganzen sei die Anlage aber untypisch und vor allem viel zu groß für eine Siedlung dieser Zeitstellung.

12 1906 führte F. Hertlein mit Unterstützung des Schwäbischen Albvereins eine Untersuchung an der östlichen Ecke von Tor F durch.

Eine Gleichzeitigkeit der Befestigungsanlage mit den Grabhügeln vom Burrenhof, wie Goessler sie 1908 befürwortete, schloss er aus, da selbige dann im Inneren der Ringburg gelegen haben müssten, was aber ganz und gar untypisch für hallstattzeitliche Befestigungsanlagen gewesen wäre (Bittel 1934).

Nachdem die Datierungsfrage des Heidengrabens nun als gelöst galt und Bittels Ansatz allgemein Eingang in die Forschung gefunden hatte, rückten zwei weitere ungeklärte Probleme in den Vordergrund.

Zum einen fragte man nun nach dem Grund der Entstehung solcher keltischen Oppida in unserem Raum, zum anderen wurde nun auch versucht, das „Oppidum Heidengraben" in den schriftlichen Quellen griechischer und römischer Geschichtsschreiber wiederzufinden.

Die Suche nach antiken Vorbildern

Paul Reinecke, der Altmeister der süddeutschen Vorgeschichtsforschung, sah wie Hert-

13 Grabungsarbeiten im Bereich der Toranlage G am Heidengraben durch das ehemalige Landesdenkmalamt Baden-Württemberg Stuttgart im Jahr 1981.

lein und Bittel vor allem in den am Heidengraben vorgefundenen Zangentoren, die für die bekannten mediterranen Städte des 3. bis 1. Jh. v. Chr. als charakteristisch galten, den Hinweis auf eine vergleichbare Anlage gleicher Zeitstellung auf der Vorderen Alb. Der Heidengraben hatte offenbar einen doppelten Zweck: zum einen als befestigte, stadtartige Siedlung mit entsprechender zentralörtlicher Funktion, zum anderen aber auch als gut geschütztes Refugium, das eine größere Anzahl Bewohner des flachen Landes samt Habe und Vieh in Kriegs- und Krisenzeiten aufnehmen konnte (Reinecke 1930).

Die Funktion und das Aussehen solcher von Reinecke beschriebenen und durch Caesar bekannten Oppida waren in dieser Zeit durch weitere Befunde von Finsterlohr bei Creglingen und *Tarodunum*/Zarten bei Freiburg klarer geworden. Was die enormen Ausmaße der Heidengrabenanlage betraf, hielt sich Reinecke zurück. Er erwähnte zwar, dass die Größe der süddeutschen Oppida mit Blick auf den Heidengraben sehr variiere, widmete sich jedoch mehr der Frage, zu welchen Stämmen und Gauen diese gehört haben und wann sie aufgegeben worden sein könnten. Durch genaue Vergleiche und Befundbeobachtungen aller bekannten Oppida in Süddeutschland kam er zu dem Schluss, dass die meisten Anlagen erst kurz vor der römischen Okkupation, also im Laufe des 1. Jh. v. Chr. gebaut, aber, anders als die gallischen Vorbilder, auch wieder aufgegeben worden seien. Zwar hätten die Römer einige solcher keltischer Siedlungsplätze zu militärischen Zwecken kürzer oder länger gehalten oder wiederverwendet, eine durchgängige Besiedlungsdauer bis ins Mittelalter oder darüber hinaus sei jedoch nirgendwo nachgewiesen (Reinecke 1930).

Während Reinecke somit über das Aussehen der Anlage wenig Neues sagen konnte, hatte er auf einem ganz anderen Gebiet der Heidengrabenforschung ein Thema angeschnitten, das zunächst nur wenig Beachtung fand. In seiner Übersicht über die Lokalisierung antiker Ortsnamen in Bayern hatte er bereits 1924 erstmals vorgeschlagen, den in den antiken Schriften des alexandrinischen Gelehrten Ptolemaios (II 11,15) erwähnten Ortsnamen *Riusiava* auf den Heidengraben zu beziehen. Leider begründete Reinecke seine Annahme wohl zu wenig, sodass sie lange Zeit nicht weiterverfolgt wurde. In den folgenden Jahrzehnten verortete die provinzialrömische Forschung *Riusiava* vorwiegend in dem römischen Kastell bei Rißtissen an der Donau. Erst in den Überlegungen von R. Nierhaus (1981) fanden Reineckes Überlegungen wieder Anklang. Trotz neuer Ansätze bleibt es nach wie vor unentschieden, ob *Riusiava* mit dem Heidengraben, Rißtissen oder einem anderen Ort zu identifizieren ist (s. S. 107).

Doch zurück in die Jahre um 1950 und zur Suche nach dem Grund der Entstehung keltischer Oppida im süddeutschen Raum.

In seiner Publikation über das Oppidum von Finsterlohr griff Bittel 1949/50 auch den Heidengraben nochmals auf. Unter dem Eindruck der neuesten Befunde und Erkenntnisse der Grabungen in Finsterlohr sah er vor allem im Verlauf der Wallanlagen ein weiteres ungeklärtes Problem. Die großzügige und vielfach betont gradlinige Führung im Gelände erschien ihm ohne das Vorbild der südeuropäisch-mediterranen Festungsarchitektur keinen Sinn zu ergeben – übrigens waren ganz ähnliche Beobachtungen schon von Gratianus im 19. Jh. angestellt worden. Bittel verwies auch auf große Unterschiede in der Bauweise der Mauern der meisten rechtsrheinischen Oppida, darunter auch auf den Heidengraben. Diese unterschieden sich durch ihre Frontpfosten und den Aufbau des Balkenwerks im Inneren gravierend vom echten „murus gallicus", wie er von Caesar geschildert und in den gallischen Oppida links des Rheins auch nachgewiesen worden war.

Wolfgang Dehn und Hartwig Zürn setzten sich zwischen 1950 und 1960 ebenfalls mit der Mauertechnik und den charakteristischen Zangentoren keltischer Anlagen und damit auch mit denen des Heidengrabens auseinander. Auch sie sahen ganz im Sinne der erstmals von Gratianus geäußerten und von Bittel weiterverfolgten Gedanken einen Zusammenhang zwischen der Festungsbaukunst der klassischen

14 **Bei der Lehrgrabung der Universität Tübingen 2007 wurde am Burrenhof ein rechteckiger Grabhügel freigelegt.**

Antike und der Architektur der Wehrmauern des Heidengrabens.

Durch die Funde neuerer Grabungen sowie diverser Begehungen im Bereich der Elsachstadt konnten in den letzten Jahren neben nennenswerten spätlatènezeitlichen Funden auch vermehrt Bruchstücke römischer Weinamphoren des 2. und 1. Jh. v. Chr. geborgen werden, die Kontakte der keltischen Oberschicht des Heidengrabens mit dem mediterranen Süden erkennen lassen und damit auch die bis heute andauernden Überlegungen zu architektonischen Vergleichen in dieser Richtung bestätigen (Knopf 2006).

1971 erschien in der Reihe „Führer zu archäologischen Denkmälern in Baden-Württemberg" als Band 2 „Der Heidengraben bei Grabenstetten. Ein keltisches Oppidum auf der Schwäbischen Alb bei Urach" von Franz Fischer. Darin wurden erstmals alle Ergebnisse, eine Beschreibung der Befestigungsanlagen und auch die wichtigsten Funde zur Anlage monographisch dargestellt, womit es bis heute das Standardwerk geblieben ist. Bis 1982 wurde es, jeweils ergänzt und aktualisiert, zweimal neu aufgelegt.

Die Kernfrage

Ein nach wie vor weitgehend ungelöstes Problem stellte der eigentliche Siedlungskern dar. Zwar hatte Hertlein vermutlich zutreffend die so genannte Elsachstadt zum einstigen Mittelpunkt des Oppidums erklärt, leider fehlten aber neben den damals geborgenen spärlichen Latènefunden größere Siedlungsreste. Noch bis in die 1980er-Jahre, so ist bei Fischer zu entnehmen, blieb fraglich, ob es im Inneren der Elsachstadt tatsächlich eine größere zentrale Siedlung dieser Zeitstellung gegeben habe, sodass überhaupt mit Recht von einem Oppidum gesprochen werden könne (Fischer 1982). Die Grabungen von 1974, 1976 und 1981

15 Auch auf dem Heidengraben werden neue naturwissenschaftliche Methoden wie die Geomagnetik eingesetzt, um Aufschlüsse über die Bodenbefunde zu erhalten.

betrafen Wallschnitte und Tor G, die in dieser Frage keine Lösung bringen konnten. Allein die verhältnismäßig zahlreichen Münzfunde im inneren Bereich des Heidengrabens legten die Existenz einer zentralen Großsiedlung nahe (Fischer 1982).

In ihrer Auswertung der Grabungen im Wall nördlich von Erkenbrechtsweiler mit Tor G bot Ines Balzer 1998 auch einen zusammenfassenden Überblick aller anderen bis dahin bekannt gewordenen Aufschlüsse an Wällen und Toren, wobei, soweit feststellbar, durchweg Pfostenschlitzmauern und Zangentore in verschiedenen Varianten angetroffen worden waren. Sie betonte, dass auch die Ausrichtung und Orientierung der Tore auf die Elsachstadt als Zentrum hindeuteten.

Weitere Untersuchungen durch das Institut für Ur- und Frühgeschichte und Archäologie des Mittelalters der Universität Tübingen, das 1993 ein von der Deutschen Forschungsgemeinschaft unterstütztes Forschungsprojekt ins

Leben gerufen hatte, ermöglichten neue, weiter reichende Aussagen auch bezüglich der gesuchten Kernsiedlung des Heidengraben-Oppidum. Bei diversen Notbergungen, Sondagen und Lehrgrabungen kamen Siedlungsbefunde in diesem Bereich zutage.

Die Befunde innerhalb der Elsachstadt waren, anders als in der seit den 1920er-Jahren bekannten späthallstatt-/frühlatènezeitlichen Siedlung im Bereich „Strangenhecke", leider sehr schlecht erhalten. Dennoch lassen wenigstens die Funde Aussagen über ein weit reichendes Handelsnetz zu, was eindeutig für eine größere, gut organisierte und nicht unbedeutende Siedlung spricht.

Die letzte Notbergung im Zuge des Heidengrabenprojekts fand 2003 statt. Die Ergebnisse des Projekts legten Thomas Knopf u. a. 2006 vor. Das Potenzial des weitläufigen Heidengrabenareals ist jedoch längst nicht ausgeschöpft. Dies bestätigte eine kurze Lehrgrabung des Tübinger Instituts für Ur- und Frühgeschichte und Archäologie des Mittelalters, die 2010 im Bereich „Seelenau" innerhalb der Elsachstadt weitere interessante spätlatènezeitliche Funde und Befunde zutage brachte und damit einen Ansporn für weitere Bodenerkundungen bildet.

Neues vom Burrenhof

Die seit den Ausgrabungen gegen Ende des 19. Jh. zugunsten des Heidengrabens eher vernachlässigte Grabhügelnekropole am Burrenhof erfreute sich in den vergangenen Jahrzehnten stärkerer Beachtung. Bei den von 1983 bis 1990 erfolgten systematischen Ausgrabungen durch die Universität Tübingen in Verbindung mit den Volkshochschulen Nürtingen und Reutlingen, die der endgültigen Zerstörung durch den Pflug zuvorkommen mussten, waren 23 Grabhügel sowie einige dazwischen gelegene Brandgrubengräber erfasst worden.

Doch nicht zuletzt dank der Aufmerksamkeit und intensiven Begehungen des ehrenamtlichen Mitarbeiters der Denkmalpflege A. Lehmkuhl aus Bempflingen konnten Funde aus bis dahin unerkannten Brandgräbern und stark verpflügten Hügeln geborgen werden, die ab 2004 Anlass zu mehreren Notgrabungen durch die Tübinger Bodendenkmalpflege sowie zwei Lehrgrabungen des Tübinger Instituts für Ur- und Frühgeschichte und Archäologie des Mittelalters unter Leitung von Gerd Stegmaier und Andreas Willmy gaben. Dabei kamen auch frühlatènezeitliche Nachbestattungen sowie Brandgräber der spätbronzezeitlichen Urnenfelderkultur und der Hallstattzeit zutage.

Insgesamt sind damit bisher 30 Grabhügel und elf Brandgrubengräber der Urnenfelder- und Hallstattkultur bekannt geworden.

Das archäologische Potenzial sowohl des Burrenhofes wie auch des Oppidums bestätigen auch die ersten Ergebnisse geomagnetischer Prospektionen. Damit sind ohne aufwändige Ausgrabungen großflächige Einblicke in den Boden möglich, die richtig zu verstehen jedoch oft nicht leicht ist. Probegrabungen zur Überprüfung interessant erscheinender Befunde und systematische Untersuchungen können dann gezielt angesetzt werden, um die weitere Erforschung dieses bedeutenden Ensembles eisenzeitlicher Bodendenkmäler auf dem Heidengraben voranzubringen.

Vor den Kelten – Altsteinzeit bis Bronzezeit

Steinsucher und Gelegenheitsbauern – Urgeschichte und Jungsteinzeit

Die Kelten waren nicht die Ersten, die die Hochfläche der Region um den Heidengraben aufsuchten. Steinartefakte bezeugen die Anwesenheit von Jägern und Sammlerinnen schon vor mehr als 35 000 Jahren bis hin zu frühen Bauern und Bäuerinnen im 3. Jt. v. Chr.

Steinzeitliche Funde gibt es vor allem aus der Elsachstadt, wo A. Lehmkuhl über 200 Steinartefakte als Lesefunde bergen konnte, einige weitere kamen bei jüngeren Grabungen zutage. Während sich nur wenige Stücke in die Zeit der mittleren und jüngeren Altsteinzeit sowie der frühen Mittelsteinzeit bis um 9600 v. Chr. datieren lassen, stammen die meisten Werkzeuge, Klingen, Lamellen und Kerne aus der späten Mittelsteinzeit und der ältesten Jungsteinzeit (7000–5000 v. Chr.). Da die für die frühen Bauern charakteristischen Tongefäßscherben der nach den Verzierungsmotiven benannten Bandkeramik (5500–5000 v. Chr.) fehlen, kamen die Menschen offenbar nicht zum Siedeln auf die Hochfläche, sondern um nach Jurahornstein zu schürfen. Dieser steht dort – wie auch in dem benachbarten, besser erforschten Wittlingen – oberirdisch an und wurde Abfällen und Halbfabrikaten zufolge vor Ort zu Klingen und Lamellen verarbeitet. Auch wenn eindeutige Belege für Siedlungen fehlen, so könnten einige Sicheleinsätze mit Sichelglanz zumindest für zeitweisen Getreideanbau sprechen.

Jünger sind Pfeilspitzen, die Jäger in der späten Jungsteinzeit, im 4. und 3. Jt. v. Chr., verloren. In diese Zeit gehören auch Steinbeile, die beim Lauereck, beim Burrenhof und im Wald Dörrlesteich gefunden wurden, ebenso Hornsteinabsplisse vom Kienbein, einem 5 km langen, schmalen Sporn nordwestlich von Hülben, der zungenartig aus dem Albrand hervorspringt.

Weitere Funde kamen bei Probegrabungen um 1930 in bzw. vor der Barnberghöhle an der Neuffener Steige zutage. Neben Feuersteinklingen aus der späten Altsteinzeit barg man reich mit Stich- und Ritzmustern verzierte Scherben der Rössener Kultur (4500–4300 v. Chr.) aus der

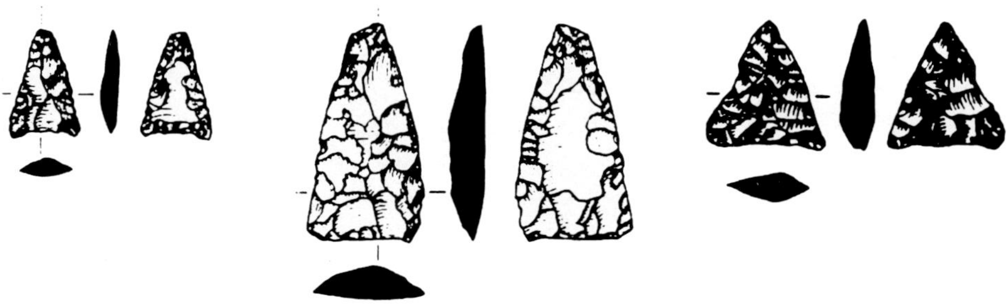

16 Diese Pfeilspitzen haben Jäger der späten Jungsteinzeit im Bereich der Elsachstadt verloren. Größe der Objekte ca. 2 bis 4 cm.

mittleren Jungsteinzeit und ein Silexmesser aus der späten Jungsteinzeit, 2007 kamen Scherben der Schussenrieder Kultur (4200–3700 v. Chr.) aus der jüngeren Jungsteinzeit hinzu. Die Zeitstellung eines schon 1890 bei einer Grabung von Pfarrer Dr. Losch in der Höhle entdeckten Schädels sowie weiterer Skelettteile eines „Burschen von 13–15 Jahren" lässt sich leider nicht mehr ermitteln.

Der Beginn des Metallzeitalters – frühe und mittlere Bronzezeit

Am Ende des 3. Jt. v. Chr. gewann Kupfer an Bedeutung, das mit Zinn legiert Hauptbestandteil der Bronze ist. Bronze wurde zum wichtigsten Werkstoff für Waffen und Schmuck, aber auch Geräte und veränderte Handwerk, Landwirtschaft und die Gesellschaft, die sich stärker differenzierte. Von ca. 2200 bis 800 v. Chr. sprechen wir von der Bronzezeit.

Aus der frühen Bronzezeit liegen vom Heidengraben keine Funde vor, aus der mittleren oder Hügelgräberbronzezeit (1600–1300 v. Chr) nur wenige, obgleich von der Alb sonst zahlreiche Grabhügel aus dieser Epoche bekannt sind. Unsachgemäß geborgen wurden 1890 ein Griffplattenschwert und zwei Armringe aus einem bronzezeitlichen Grabhügel bei Erkenbrechtsweiler „Hardmähder", die leider verschollen sind. Ein angeblich aus Grabenstetten stammender zweinietiger Bronzedolch wird im Landesmuseum Württemberg in Stuttgart zu-

17 1890 wurden bei Erkenbrechtsweiler aus einem Grabhügel der mittleren Bronzezeit ein Griffplattenschwert (9) und zwei Armringe geborgen (7, 8).

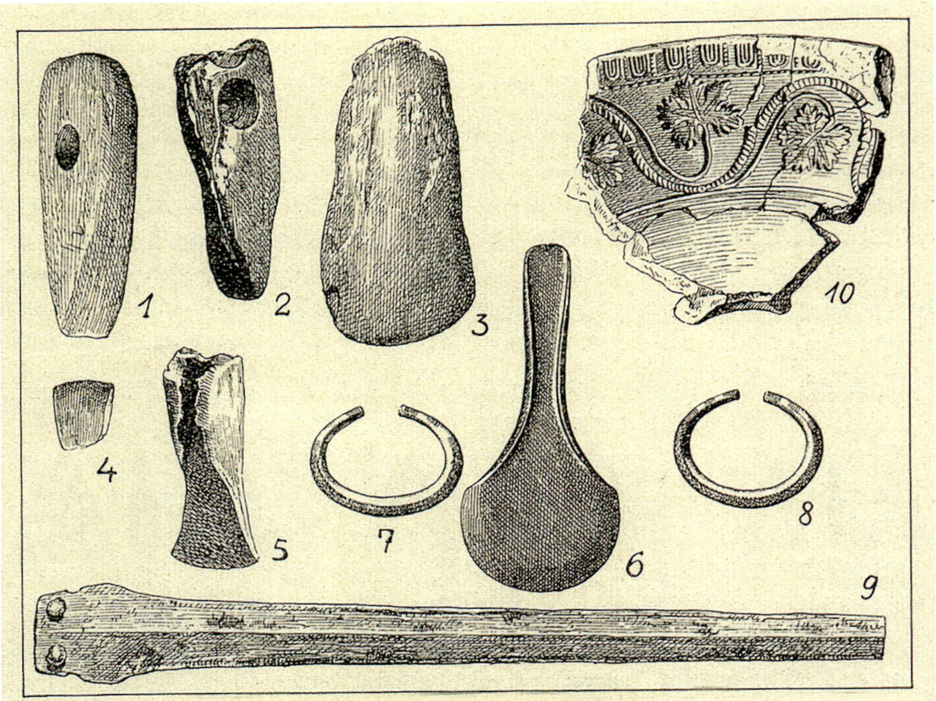

18 Das prächtige Bronzegehänge aus der Urnenfelderzeit (10.–9 Jh. v. Chr.) wurde 1916 am Hang unterhalb vom Hohenneuffen gefunden.

sammen mit einer gerippten Lochhalsnadel als Fund aus einer Kiesgrube „unterhalb Winkel", Erms" aufbewahrt und dürfte eher nicht auf der Hochfläche zutage gekommen sein.

Siedlungen der späten Bronzezeit – die Urnenfelderzeit

Erst im letzten Abschnitt der Bronzezeit, der nach der charakteristischen Bestattungssitte „Urnenfelderzeit" genannt wird (1200–800 v. Chr.), scheinen sich verstärkt Menschen auf der Hochfläche der Heidengrabenregion niedergelassen zu haben. In der Regel wurden die Toten mit ihrer Ausstattung auf dem Scheiterhaufen verbrannt und die Reste in einer Urne beigesetzt. Die mitgegebenen Keramikgefäße waren nicht verbrannt und dienten vielleicht dem Leichenschmaus. Die vom Pariser Becken bis Slowenien und von der Mainlinie bis Südfrankreich reichende Bestattungssitte lässt auf einen dahinter stehenden großräumigen Glaubenswandel schließen, wobei vielfach Unterschiede und immer wieder Ausnahmen wie z. B. Körpergräber zu beobachten sind. Zahlreichen Waffen und vermehrten befestigten Höhensiedlungen zufolge scheint die Epoche zumindest zeitweise recht kriegerisch gewesen zu sein, vielleicht ein Grund, sich auf die Vordere Alb zurückzuziehen.

Zu den herausragenden Funden dieser Epoche gehört ein Bronzegehänge, das vor 1916 unter ungeklärten Fundumständen am Hang des Hohenneuffen gefunden wurde und in das 10.–9. Jh. v. Chr. datiert. Ein ähnliches Gehänge

19 Das Tüllenbeil stammt aus einem 1929 untersuchten urnenfelderzeitlichen Grab bei Hülben.

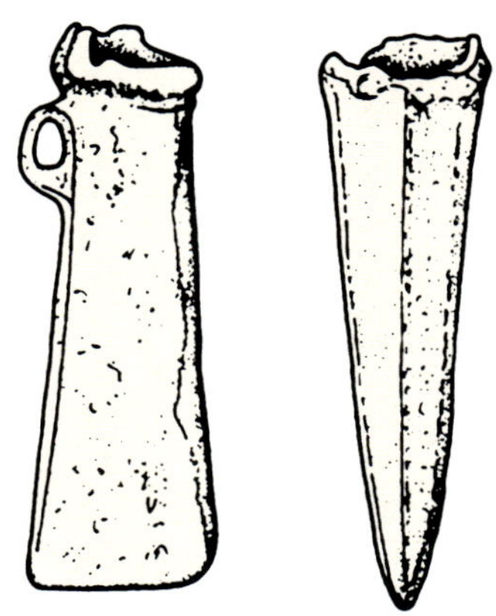

wurde bei Karlsruhe aus einem Altarm des Rheins gebaggert, man hatte es vermutlich als Weihegabe im Fluss versenkt. Die dreieckigen, schwalbenschwanzförmigen Anhänger ähneln stilisierten menschlichen Gestalten, die lanzettförmigen erinnern an das ägyptische Heilszeichen Anch, das Symbol für Lebensodem, Lebenskraft und wohl auch ewiges Leben und Auferstehung. Ob dem hiesigen Zeichen eine ähnliche Symbolkraft zugeschrieben wurde, wissen wir nicht. Ebenso fehlen bislang Belege für eine immer wieder vermutete Befestigungsanlage dieser Zeit auf dem Kegel des Neuffen, wobei die mächtige mittelalterlich-frühneuzeitliche Festungsanlage die Chancen, eine solche zu finden, gering erscheinen lassen.

Den Nachweis für eine Siedlung auf der Hochfläche erbrachten die Grabungen beim Tor G des spätkeltischen Walls, der im Nordosten die Berghalbinsel abriegelt. Urnenfelderzeitliche Scherben machen dort 70–80% der vorgeschichtlichen Keramik aus (Balzer 1998). Sie sind vermischt mit spätlatènezeitlichen Keramikfunden und dürften von einer umgelagerten Siedlungsschicht stammen. Wie auch das Gehänge gehören sie in die spätere Urnenfelderzeit (1000–800 v. Chr.). In diese Zeit datieren auch die drei urnenfelderzeitliche Gräber vom Burrenhof, die an anderer Stelle besprochen werden (s. S. 40 f.).

Bereits 1929 wurden auf der Flur Längenmahd, Gemarkung Hülben, südlich vom Burrenhof die Reste eines fast vollständig abgetragenen Grabhügels untersucht, in dem sich ein Tüllenbeil mit Öse (Abb. 19) und ein verschollenes Armringpaar fanden. Die in unserem Raum seltenen Tüllenbeile sind in Nordwestfrankreich weit verbreitet und gehören ebenfalls in die späte Urnenfelderzeit.

Wir müssen in dieser Zeit wohl von mehreren Siedlungen und zugehörigen Bestattungsplätzen auf der Hochfläche ausgehen. Die Siedler hatten endlich die Vorzüge der Vorderen Alb entdeckt.

Das Gräberfeld beim Burrenhof und die früheisenzeitliche Besiedlung

Von Grabhügeln, Bauern und „Burren"

Das Grabhügelfeld beim Burrenhof ist einer von mehreren Bestattungsplätzen der späten Bronze- und frühen Eisenzeit auf dem Gebiet des Heidengrabens. Im Vergleich zu den meisten anderen Gräberfeldern geriet die Nekropole beim Burrenhof in moderner Zeit jedoch nicht in Vergessenheit, sondern ist bis heute Gegenstand wissenschaftlicher und denkmalpflegerischer Untersuchungen.

Seinen Namen verdankt das Gräberfeld einem 1838 gegründeten landwirtschaftlichen Betrieb, dessen Benennung seinerseits auf die noch im Gelände sichtbaren Hügel, die so genannten „Burren", zurückgeht. Heute ist der Burrenhof ein gastronomisches Unternehmen, das etwa 3,5 km westlich der Ortschaft Grabenstetten liegt.

Die Erforschung des Gräberfelds beim Burrenhof, das sich über die Gemarkungen von Erkenbrechtsweiler und Grabenstetten erstreckt, hat eine lange Tradition. Schon früh geriet die Nekropole ins Blickfeld des altertumskundlichen Interesses. So fanden bereits in der zweiten Hälfte des 19. Jh. erste Grabungen in den Totenhügeln westlich von Grabenstetten statt. Diese zielten in erster Linie auf die in der Mitte der Tumuli gelegenen Zentralgräber ab. Um an diese Zentralbestattungen zu gelangen, wurden die Hügel von ihrem höchsten Punkt aus „angetrichtert" und ein Schacht abgetieft. Maßgeblich verantwortlich für diese Grabungen waren vor allem J. Dorn und A. Witscher, die unter anderem im Auftrag der Staatssammlung der vaterländischen Kunst- und Altertumsdenkmale Stuttgart die Grabhügel untersuchten und Funde bargen.

Einige Objekte aus diesen Grabungen bilden bis heute einen wichtigen Bestandteil der Dauerausstellung des Landesmuseums Württemberg in Stuttgart und unterstreichen die große Bedeutung des Gräberfelds. Obwohl nur noch Teile der im 19. Jh. geborgenen Funde erhalten sind, handelt es sich bei ihnen zum Großteil um einzigartige Stücke, die man von anderen Fundorten so bislang noch nicht kennt. Dazu zählt unter anderem ein aufwändig gearbeitetes, weißgrundiges, rot und grau bemaltes Hochhalsgefäß, das aufgrund seiner Form und Verzierung als einmalig zu erachten ist (Abb. 20). Ebenso ist ein eiserner Dolch mit Bronzegriff, der mit filigran gearbeiteten Vogelköpfen verziert wurde, als singulär einzustufen (Abb. 11). Darüber hinaus muss auf die Radnabe eines hölzernen Wagens verwiesen werden, die nach dem Fundort im Gräberfeld beim Burrenhof als „Typ Erkenbrechtsweiler" benannt wurde (Abb. 9).

Nach Beendigung der Grabungen des 19. Jh. fiel die Nekropole beim Burrenhof, genau wie zahlreiche andere Grabhügelfelder der Schwäbischen Alb, wieder in einen Dornröschenschlaf. Erst Anfang der 1980er-Jahre, also rund ein Jahrhundert nach den ersten Untersuchungen, sah sich die Denkmalpflege erneut dazu gezwungen, tätig zu werden. Durch intensive agrarwirtschaftliche Nutzung und verschiedene Maßnahmen im Straßenbau waren die Reste der noch erhaltenen Grabhügel von der endgültigen Zerstörung bedroht.

20 Weißgrundiges, rot und grau bemaltes Hochhalsgefäß der späten Hallstattzeit aus dem Gräberfeld beim Burrenhof.

Daher erfolgte zwischen 1983 und 1990 die Untersuchung aller obertägig noch sichtbaren Hügel. Die Ergebnisse der nach modernen Kriterien durchgeführten Grabungen übertrafen die Erwartungen bei Weitem. So ließen sich anhand der dokumentierten Funde und Strukturen zahlreiche neue Erkenntnisse zum Bestattungsbrauchtum und der damit verbundenen Grabarchitektur während der frühen Eisenzeit gewinnen. Ein Teil der zwischen 1983 und 1990 ausgegrabenen Hügel wurde nach ihrer Untersuchung wieder aufgeschüttet und ist heute südlich der Kreisstraße 6759 im Gelände zu besichtigen.

Obwohl man nach Beendigung der Untersuchungen 1990 davon ausging, dass das Gräberfeld vollständig ausgegraben ist, traten ab 2004 erneut ausgepflügte Funde in den Ackerflächen um den Burrenhof auf. Auch konnten in den Folgejahren weitere Grabhügel anhand von geomagnetischen Messungen erfasst werden. Die Dokumentation und Bergung dieser Funde und Befunde dauert nach wie vor an und wird die archäologische Forschung in den kommenden Jahren noch beschäftigen.

Bereits heute zählt die Nekropole beim Burrenhof zu den am besten erforschten Bestattungsplätzen der frühkeltischen Zeit in Baden-Württemberg. Insgesamt konnten bislang rund 30 Grabhügel gezählt werden, aus denen etwa 40 Bestattungen der frühen Eisenzeit stammen. Weitere acht Brandgrubengräber der Hallstattzeit (800–450 v.Chr.) sowie drei der Urnenfelderzeit (1200–800 v.Chr.) fanden sich im Bereich zwischen bzw. unter den Hügeln (Abb. 22). Insgesamt dürfte die Zahl der Bestattungen ehemals wesentlich größer gewesen sein, doch wurden die meisten von ihnen bereits durch die natürliche Erosion der Hügel, durch landwirtschaftliche Eingriffe sowie durch die Grabungen des 19. Jh. zerstört. Ein Vergleich mit anderen Nekropolen der frühen Eisenzeit belegt, dass angesichts der genannten Zahl an Grabhügeln von mindestens 90, sehr viel wahrscheinlicher aber von 120 bis 150 oder mehr Bestattungen ausgegangen werden muss.

In seiner Gesamtheit umfasst das Gräberfeld eine Zeitpanne von mindestens 600 Jahren. Die ältesten Bestattungen datieren in die ausgehende Bronzezeit und gehören der Urnenfelderkultur an (1200–800 v.Chr.). Seine Blüte erlebte das Grabhügelfeld jedoch während der frühen Eisenzeit, die sich in zwei Abschnitte unterteilen lässt. Dabei handelt es sich zum einen um Bestattungen der Hallstattkultur aus der Zeit zwischen 800 und 450 v.Chr. sowie um ein Grab der frühen Latènekultur (Lt A), das zwischen 450 und 375 v.Chr. angelegt wurde. Weitere Funde, die nicht aus Bestattungen stammen, datieren in die jüngere Latènezeit, die römische Kaiserzeit und eventuell auch in das frühe Mittelalter (s. S. 111 ff.).

Betrachtet man die Anordnung der Hügel im Gelände (Abb. 22), so zeigt sich deutlich, dass durch die Nekropole ein befund- und grabfreier Korridor führt, der zu beiden Seiten von mächtigen Grabhügeln gesäumt war. Dieser Korridor diente einst wohl als Weg und verläuft auffällig parallel zur heutigen Straße bzw. Straßenkreu-

21 Keramikbeigaben aus einem Brandgrubengrab der älteren Hallstattzeit mit Alb-Hegau-Gefäßen vom Gräberfeld beim Burrenhof.

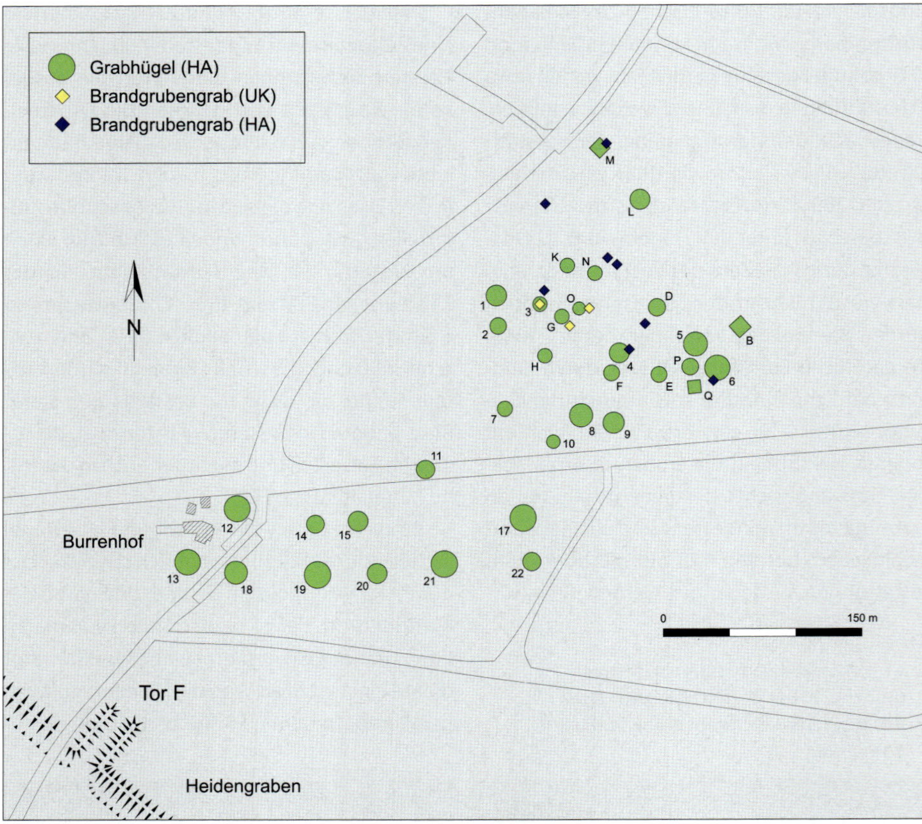

22 Schematisierter Gesamtplan des Gräberfelds beim Burrenhof mit Grabhügeln und Brandgrubengräbern der späten Bronze- und frühen Eisenzeit.

zung am Burrenhof. Unverkennbar offenbart sich, wie die Topographie der Grabenstettener, Erkenbrechtsweiler und Hülbener Berghalbinsel sowohl die moderne als auch die prähistorische Straßen- und Wegeführung vorgab.

Die Errichtung von Grabhügeln an Straßen und Wegkreuzungen ist ein durchaus häufig zu beobachtendes Phänomen. Als Mahnmal für die Ahnen sowie als territoriale Landmarken kündeten sie dem Reisenden von den Macht- und Besitzansprüchen der hier lebenden Bevölkerung und ihren Vorfahren.

Am Ende des bronzenen Zeitalters – Urnenfelderkultur (1200–800 v. Chr.)

Die ältesten Gräber stammen aus der späten Bronze- bzw. Urnenfelderzeit (s. o.) und datieren um 1000 v. Chr. Bei ihnen handelt es sich um Brandgrubengräber, die zu ebener Erde angelegt wurden, wobei eine in den Boden eingetiefte Grube zur Aufnahme der verbrannten Skelettreste und weiterer Grabbeigaben diente.

Insgesamt konnten bislang drei Gräber dieser Zeitstellung beobachtet werden. Das Inventar bestand in allen drei Fällen aus einem keramischen Großgefäß, in das weitere kleine Behältnisse aus Ton gestellt waren und in dem sich auch der Leichenbrand befand.

Bei den kleineren Gefäßen handelt es sich in aller Regel um Becher und Schalen, während die großen Keramikbehältnisse aufgrund ihrer Form als Zylinder- oder Trichterhalsgefäße bezeichnet werden. Eine Besonderheit stellt in diesem Zusammenhang, das nur 8 cm hohe Zylinderhalsgefäß dar, das im Grab eines neun Jahre alten Kindes gefunden wurde (Abb. 24).

Die Mehrzahl der Tongefäße ist mit Riefen verziert, die als horizontale Bänder oder in Form von Girlanden um Hals und Körper laufen. Im Fall des kleinen Zylinderhalsgefäßes finden sich darüber hinaus vier symmetrisch angeordnete Buckel, die den Gefäßkörper zusätzlich zieren.

Neben den beschriebenen Keramikbeigaben gehören verschiedene Objekte aus Bronze zur Ausstattung der Gräber. Bei ihnen handelt es sich unter anderem um Nadeln, die zum Verschluss der Gewänder dienten. Darüber hinaus bargen zwei der drei Gräber bronzene Messer. Zum Teil sind die genannten Metallobjekte angeschmolzen und zeugen davon, dass sie gemeinsam mit dem Leichnam auf dem Scheiterhaufen lagen.

Wie es scheint, wurden die Brandgrubengräber mit hölzernen Brettern abgedeckt und mit Steinen beschwert. Darauf deutet, zumindest im Fall zweier Gräber, der Fund von Steinen hin, die sich innerhalb der Großgefäße fanden.

Sehr wahrscheinlich überdeckten die urnenfelderzeitlichen Bestattungen auch schon kleinere Aufschüttungen aus Erde, doch waren diese Hügel sehr viel kleiner als die gewaltigen Tumuli der darauf folgenden Eisenzeit und können heute nicht mehr mit Sicherheit nachgewiesen werden.

Abschließend ist noch die Beigabe von Fleisch und weiteren Speisen zu erwähnen, die bei urnenfelderzeitlichen Grablegen immer wieder zu beobachten ist. So konnten auch am Burrenhof zumindest in einem Grab Schweineknochen nachgewiesen werden.

23 Umzeichnung eines Grabinventars der Urnenfelderzeit aus dem Gräberfeld beim Burrenhof mit Keramik- und Metallbeigaben.

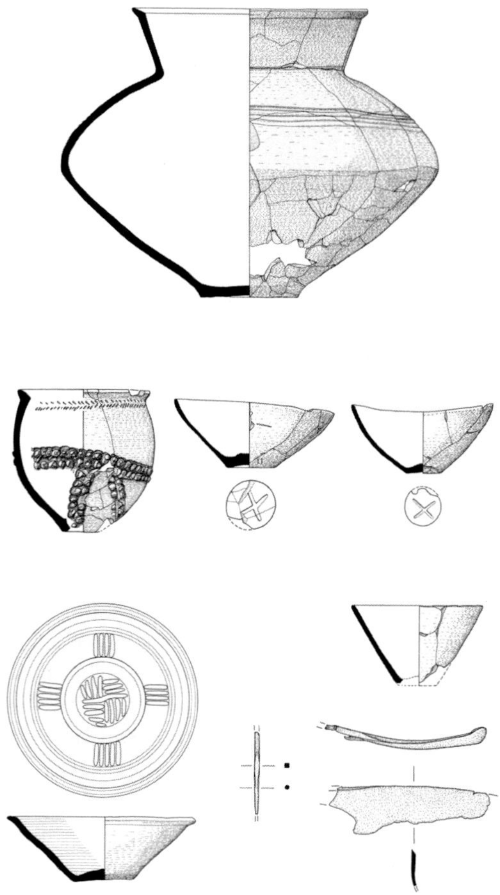

24 Miniaturform eines tönernen Zylinderhalsgefäßes und Bruchstück eines Bronzearmrings aus dem Grab eines 9-jährigen Kindes vom Burrenhof.

Prachtvoll verzierte Keramik für das Totenmahl – ältere Hallstattkultur (800–625 v. Chr.)

Mit dem Übergang zur älteren Hallstattzeit (Ha C) kommt es im Bereich der Nekropole beim Burrenhof dann zur Errichtung mächtiger Grabhügel. Sie wurden in aller Regel über einem ebenerdig angelegten Brandgrab aufgeschüttet, das von einer hölzernen Grabkammer geschützt wurde.

Genau wie in der vorhergehenden Urnenfelderzeit wurde der Leichnam gemeinsam mit weiteren Beigaben auf einem Scheiterhaufen verbrannt. Die Bestattung und die Errichtung der Grabkammer erfolgten dann entweder am Verbrennungsplatz selbst oder unweit von diesem. In einzelnen Fällen wurde am Burrenhof zu diesem Zweck auch ein flaches Podium aus Erde aufgeschüttet, auf welchem die Grablegung stattfand.

Nachdem die verbrannten Skelettreste, der so genannte Leichenbrand, säuberlich aus den Brand- und Scheiterhaufenresten ausgelesen waren, wurde dieser entweder in der gezimmerten Grabkammer ausgestreut oder in einem Keramikgefäß verwahrt. In Einzelfällen ist, aufgrund der konzentrierten Lage des Leichenbrands, mit einer Deponierung in organischen Behältnissen wie Lederbeuteln oder Holzkästchen zu rechnen, die heute nicht mehr erhalten sind.

Während der älteren Hallstattzeit wurden den Toten umfangreiche Sätze an aufwändig dekorierten Tongefäßen mit ins Grab gegeben. Dabei handelt es sich um so genannte Alb-Hegau-Keramik, die, wie ihr Name schon sagt, vor allem auf der Schwäbischen Alb, im Albvorland und in den Gebieten östlich des Bodensees sowie in Oberschwaben verbreitet war. Die kunstvoll gearbeiteten Gefäße zeichnen sich durch Ritz-, Stempel- und Kerbschnittverzierung sowie Bemalung mit roter Farbe und schwarz glänzendem Graphit aus. Ergänzt wurde das mehrfarbige Dekor durch eine weiße Paste, die die plastischen Vertiefungen ausfüllte.

Bei den Ornamenten handelt es sich ausnahmslos um geometrische Muster. Darstellungen menschlicher Figuren oder Tiere, wie sie vor allem aus dem Osthallstattkreis bekannt sind, scheinen im südwestdeutschen Raum ein regelrechtes Tabu gewesen zu sein.

Alb-Hegau-Keramik wurde sicher nicht für den alltäglichen Gebrauch gefertigt, sie findet sich vor allem in Gräbern und zeigt einen eindeutigen Bezug zu rituellen und sakralen Handlungen. Die paarweise Beigabe von Tellern, Kegelhalsgefäßen und der dazugehörigen

25 Keramikservice aus der Zentralbestattung von Hügel F des Gräberfelds beim Burrenhof, bestehend aus Alb-Hegau-Gefäßen mit paarweise beigegebenen Tellern.

Schälchen in den Gräbern der älteren Hallstattkultur deutet in Richtung einer sakralen Speisung oder eines Gastmahls. Ob der Tote dabei selbst der Bewirtete war oder im Jenseits einen Gast empfing, muss offen bleiben. Offensichtlich ist jedoch, dass das Keramikservice gezielt ausgewählt wurde und einer rituellen Speisung diente. Dies belegen auch die Reste ehemaliger Fleischbeigaben, die sich immer wieder in Form von noch erhaltenen Tierknochen nachweisen lassen.

Vieles spricht dafür, dass die filigran gearbeitete und aufwändig verzierte Alb-Hegau-Keramik von spezialisierten Töpfern hergestellt wurde. Ob es sich um Wanderhandwerker oder ortsansässige Töpfer und Töpferinnen handelte, lässt sich heute nicht mehr sagen. Regionale Unterschiede im Spektrum der Verzierungsmotive zeigen jedoch, dass wir es mit unterschiedlichen Stilregionen zu tun haben, die sich am besten als Werkstattkreise umschreiben lassen. Das Gräberfeld beim Burrenhof gehört zu einem Werkstattkreis, der neben der Region um St. Johann und Münsingen auch die hallstattzeitliche Nekropole von Römerstein-Zainingen umfasste.

Abgesehen von Alb-Hegau-Gefäßen finden sich in den Gräbern der älteren Hallstattzeit aber auch immer wieder Reste verbrannter Gebrauchskeramik. Dabei handelt es sich um Fragmente stark verglühter Tongefäße, die auch als „Scheiterhaufenkeramik" bezeichnet werden. Diese Gefäße sind meist nur schlicht gearbeitet und wenig verziert. Sie dienten wohl als Behältnisse für Opfergaben, die auf dem Scheiterhaufen, gemeinsam mit dem Leichnam, verbrannt wurden.

Neben den genannten Keramiksätzen, die zum Standardrepertoire älterhallstattzeitlicher Bestattungen gehören, finden sich noch weitere Beigaben, bei denen es sich in aller Regel um Schmuck und Trachtbestandteile handelt. Zu nennen sind bronzener Arm- und Beinschmuck sowie Nadeln, die zum Verschluss der Gewänder dienten. Darüber hinaus sind für diesen Abschnitt der Hallstattzeit (Ha C) Toilettebestecke charakteristisch. Sie bestehen aus einem Nagelschneider, einer Pinzette und meist noch einem kleinen Ohrlöffelchen aus Bronze.

Von den für die ältere Hallstattzeit so typischen Schwertern, die zum Beigabenrepertoire hochrangiger Männerbestattungen gehören, ist aus der Nekropole beim Burrenhof keines überliefert. Dass es sie einstmals jedoch auch hier gab, ist mehr als wahrscheinlich.

Bei den von einem Hügel überdeckten Brandgräbern der älteren Hallstattzeit handelt es sich in aller Regel um die Zentral- und Erstbestattungen der einzelnen Tumuli, mit denen der Prozess der Aufschüttung der Grabmale ihren Anfang nahm. Sie können sowohl aufgrund ihrer reichen Ausstattung und ihrer Grabkammern aus Holz als auch wegen ihrer zentralen Lage einer gehobenen Bevölkerungsschicht zugewiesen werden.

Am Burrenhof fanden sich neben diesen doch recht aufwändig gestalteten Grabanlagen aber auch wesentlich schlichtere Brandgräber, die mittels einer Grube in den Boden eingetieft und, wenn überhaupt, nur von einem kleinen Hügel überdeckt waren. Möglich ist aber auch eine oberirdische Kenzeichnung dieser Gräber durch einen Pfosten oder einen Stein, wie verschiedene Beobachtungen vermuten lassen.

Lange Zeit wurden diese Brandgrubengräber aufgrund ihres einfachen Erscheinungsbildes einer ärmeren Bevölkerungsschicht zugeordnet, doch ist dies nur eine Möglichkeit der Interpretation. Heute zeigen verschiedene Untersuchungen, dass solche unauffällige Bestattungen eventuell auch mit einer anders gearteten Glaubensvorstellung in Verbindung stehen könnten. Diese Überlegungen werden durch die Tatsache gestützt, dass Brandgrubengräber auch noch in einer Zeit angelegt wurden, als in den Grabhügeln bereits Körperbestattungen üblich waren. Den Gedanken einer mit anderen Glaubensvorstellungen verbundenen, abweichenden Bestattungssitte unterstreichen auch die zum Teil recht umfangreichen Gefäßsätze mit Alb-Hegau-Keramik, die in den Brandgrubengräbern gefunden wurden (Abb. 21). Sie stehen an Reichtum und Wert den in den Zentralbestattungen der Grabhügel deponierten Services oftmals nicht oder nur wenig nach.

Reichtum und Status im Diesseits und Jenseits – jüngere Hallstattzeit (625–450 v. Chr.)

Mit dem Übergang zur jüngeren Hallstattzeit (Ha D) änderte sich der Bestattungsbrauch grundlegend. Von nun an wurden die Toten nicht mehr verbrannt. Die Grabgruben, die zur Aufnahme von hölzernen Särgen oder Kammern dienten, wurden zum überwiegenden Teil in bereits bestehende Grabhügel eingetieft. Seltener legte man neue Hügel an, doch können auch solche am Burrenhof in größerer Zahl nachgewiesen werden.

Mit der nachträglichen Einbringung von Körpergräbern in bereits vorhandene Grabhügel und deren erneuter Überschüttung mit Erde, erhöhte sich auch die Monumentalität der Grabmale. Dieser Aspekt scheint durchaus beabsichtigt gewesen zu sein, wie verschiedene Beispiele aus anderen Gräberfeldern gleicher Zeitstellung belegen. Ein großer Grabhügel symbolisierte nicht nur die gehobene Stellung der Verstorbenen, sondern vermittelte auch den Eindruck einer bereits lange andauernden Ahnentradition.

Auf ihrem letzten Weg wurden den Toten nun keine umfangreichen Keramikservices und Speisebeigaben mitgegeben, sondern Tracht- und Statussymbole aus Metall, die den Rang der Verstorbenen widerspiegeln. Auch darin zeigt sich ein tief greifender Wandel in der Bestattungssitte und den damit verbundenen Glaubensvorstellungen. Waren es in der älteren Hallstattzeit vor allem Aspekte wie die Spei-

26 Grabbeigaben der jüngeren Hallstattzeit aus der Nekropole beim Burrenhof. Darunter fanden sich eiserne Lanzenspitzen, Fibeln, Stäbchenanhänger und ein Beinring aus Bronze.

27 Beigaben aus einem Frauengrab der jüngeren Hallstattzeit der Nekropole beim Burrenhof mit bronzenen Beinringen, Kugelkopfnadeln und einer Gagatperlenkette.

sung der Verstorbenen oder die Ausrichtung eines Gastmahls im Totenreich, so liegt die Betonung nun eher auf persönlichen, individuellen Gesichtspunkten. Die Auswahl der Grabbeigaben reflektiert dabei wohl den Rang, den die verstorbene Person zu Lebzeiten innehatte.

Neben den Veränderungen bei der Grabsitte treten uns mit der jüngeren Hallstattzeit aber auch neue Objekte entgegen. Zu nennen sind an erster Stelle die so genannten Fibeln, die in der Art und Weise kunstvoll gearbeiteter „Sicherheitsnadeln" von nun an zum Verschluss von Kleidern und Gewändern dienten. Entsprechend ihrer Form lassen sich Bogen-, Schlangen-, Kahn- sowie Pauken- und Fußzierfibeln unterscheiden (Abb. 26). Mit Ausnahme der Fußzierfibeln sind alle diese Typen am Burrenhof belegt, wo sie wie andernorts als wichtiges Mittel zur Datierung der Gräber dienen.

Während der Frühphase der jüngeren Hallstattzeit sind es vor allem die Frauen, die mit reichem Metallschmuck ausgestattet ihren Weg ins Jenseits antraten. Zu ihrer Tracht gehörten aufwändig verzierte Gürtelbleche, Haarnadeln und Fibeln aus Bronze. Ebenso wurden den verstorbenen Damen bronzene Ohrringe, Halsringe sowie Arm- und Beinringe angelegt. An die Stelle des Armschmucks aus Bronze traten vereinzelt auch Ketten aus Gagatperlen oder Tonnenarmbänder aus Lignit. Bei diesen beiden Materialien handelt es sich um fossiles Holz, das geschnitzt und gedrechselt wurde. Vor allem Gagat galt bis in moderne Zeit als traditioneller

28 Aus dem Gräberfeld beim Burrenhof stammen mehrere Teile eines Armbands aus Lignit, das mittels Stiften zusammengesteckt werden konnte.

Trauerschmuck und wird noch heute in Großbritannien unter dem Namen „Jet“ sehr geschätzt.

Die Beigaben der Männer bestanden demgegenüber, neben den obligatorischen Fibeln, vor allem aus Waffen und weiteren Objekten aus Eisen (Abb. 26). Dieses Metall scheint dem männlichen Geschlecht vorbehalten gewesen zu sein. Aus ihm fertigte man unter anderem Rasiermesser und Lanzenspitzen sowie die Klingen und Scheiden der typischen Hallstattdolche. Zwei dieser Dolche sind auch vom Burrenhof bekannt geworden.

Einer der beiden Dolche, ein kunstvoll gearbeitetes Exemplar der Variante „Ludwigsburg“, fand sich in Kombination mit einem röhrenförmigen Pfeilköcher und entsprechenden Pfeilspitzen. Es ist dies, neben dem Prunkgrab von Eberdingen-Hochdorf, das einzige Inventar in Baden-Württemberg, das einen solchen Dolch und einen Rundköcher umfasste.

Ungewöhnlich mutet auch das Beigabenensemble eines Männergrabes an, in dem sich neben zwei eisernen Lanzenspitzen zwei goldene Ohrringe fanden (Abb. 30). Es ist in diesem Zusammenhang jedoch darauf hinzuweisen, dass Goldohrringe während der frühen Eisenzeit durchaus regelhaft in Bestattungen des männlichen Geschlechts zu finden sind. Bei ihnen handelt es sich wohl, genau wie im Fall der meisten Grabbeigaben der jüngeren Hallstattzeit, um Abzeichen, die den Status der Verstorbenen innerhalb der Gesellschaft widerspiegeln.

Wie eingangs erwähnt, konnten aus dem Zentralgrab eines Hügels beim Burrenhof be-

29 Späthallsteinzeitlicher Dolch der Variante „Ludwigsburg“ mit eiserner Klinge und Bronzegriff. Der Dolch steckt in einer Eisenscheide, an der noch Reste von Leder und Textil anhaften.

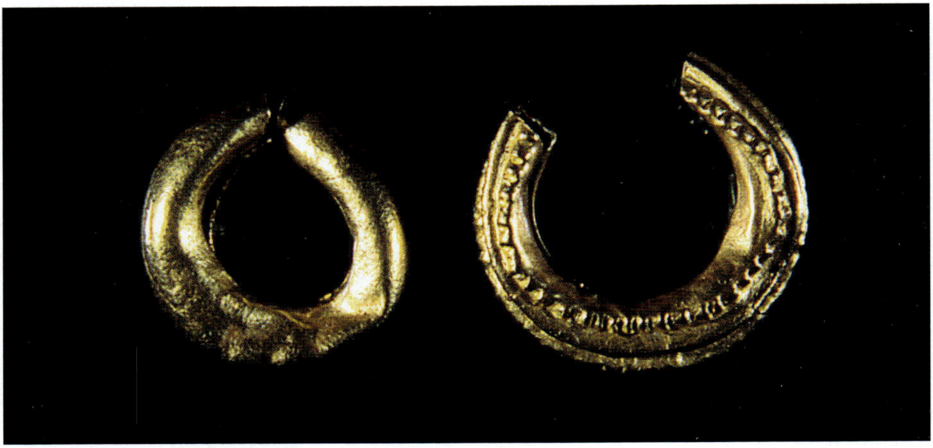

30 Goldohrringe aus einem Männergrab der Nekropole beim Burrenhof. Die beiden Ohrringe haben einen Durchmesser von ca. 1,0 bis 1,5 cm.

31 Keramikgefäß und eisernes Gürtelblech aus einem Brandgrubengrab der jüngeren Hallstattzeit vom Burrenhof.

reits im 19. Jh. Reste eines vierrädrigen Wagens sowie dazugehörige Nabenteile geborgen werden. Bei der Nachuntersuchung im Jahr 1987 gelang es dann, weitere Bestandteile des Wagens zu bergen. Diese bestätigen nicht nur den bereits bekannten Befund, sondern ergänzen

auch das Spektrum der noch erhaltenen Wagenteile.

Obwohl im Rahmen der vorliegenden Publikation nicht alle Funde der frühen Eisenzeit in ihrer Gesamtheit vorgestellt werden können, verdeutlichen unter anderem das genannte Wagengrab und die Bestattungen mit Dolchbeigabe, welche Bedeutung dem Gräberfeld beim Burrenhof beigemessen werden darf. Nicht nur der Reichtum, sondern auch die Auswahl an Objekten verleihen der Nekropole am Rand der Schwäbischen Alb einen besonderen Stellenwert.

Neben den Zentral- und Hügelgräbern wächst die Zahl der neu entdeckten Brandgrubengräber stetig. Sie zeigen, dass zumindest in einem frühen Abschnitt der jüngeren Hallstattzeit (Ha D1) noch regelhaft Brandbestattungen angelegt wurden, während sich in den Grabhügeln bereits ausschließlich Körperbestattungen finden.

Die Beigabe eines eisernen Gürtelblechs in einem solchen Brandgrubengrab der jüngeren Hallstattzeit lässt vermuten, dass die hier beigesetzte Person, trotz des einfachen Bestattungsmodus, nicht unbedingt als arm zu bezeichnen ist. Eisen war gerade zu Beginn der jüngeren Hallstattzeit noch ein wertvolles Metall. Der Besitz eines solchen Gürtelblechs deutet daher einen durchaus erkennbaren gesellschaftlichen Status an, der sich auch in den Bestattungen mit eisernen Gürtelblechen aus dem Großgrabhügel „Magdalenenberg“ bei Villingen-Schwennigen widerspiegelt.

Vom Hügelgrab zur Pyramide – Architektur der Grabmäler am Burrenhof

Eine Besonderheit der Nekropole beim Burrenhof stellt der vielgestaltige und facettenreiche Aufbau der Grabhügel dar. So konnten neben einfachen Erdhügeln auch solche mit Graben-, Pfosten- und Steineinfassung nachgewiesen werden. Diese Merkmale treten sowohl einzeln als auch in Kombination auf.

Soweit ersichtlich, ist der Anteil an reinen Erdhügeln in etwa genauso groß wie derjenige der Grabhügel mit umgebendem Kreisgraben und/oder Steineinfassung. Es lässt sich jedoch nicht mit Sicherheit sagen, ob nicht alle oder zumindest eine Vielzahl der Tumuli ursprünglich als reine Erdhügel angelegt wurden und erst später eine zusätzliche Einfriedung aus

32 Frühkeltischer Grabhügel mit Steineinfassung aus der Nekropole beim Burrenhof. Durchmesser ca. 16 m.

33 Rechteckiger Grabhügel mit Steineinfassung aus der Nekropole beim Burrenhof. Seitenlänge ca. 11 m.

Stein oder einen Kreisgraben erhielten. Deutlich zu erkennen ist jedenfalls, dass sich das Erscheinungsbild der einzelnen Grabhügel durch die Zeit verändert. So wurde bei Nachbestattungen häufig nicht nur neue Erde aufgeschüttet, sondern man fügte auch neue architektonische Attribute hinzu. Hügel 19 zeigt z. B. eine Abfolge zweier ineinanderliegender Kreisgräben, deren Anlage mit der Einbringung neuer Bestattungen in den Grabhügel einhergingen. Mit jeder neuen Bestattung und Überschüttung des Grabmonuments konnte sich so auch das äußere Erscheinungsbild der Hügel verändern.

Neben Einfriedungen aus Stein und der Anlage von Kreisgräben konnte auch ein Grabhügel mit umgebendem Pfostenkranz dokumentiert werden. Den Hügelfuß markierten einstmals 15 hölzerne Pfosten, von denen sich aber nur noch die Verfärbungen der Gruben im Boden erhalten hatten.

Grundsätzlich kann zwischen runden bzw. rundovalen und rechteckigen Grabhügeln unterschieden werden. Letztere finden sich vor allem mit einer Einfassung aus Stein und datieren an das Ende bzw. in die Spätphase der jüngeren Hallstattzeit. Wie spezielle Bodenbildungsprozesse verdeutlichen, könnte es sich bei diesen rechteckigen Hügeln mit Steineinfassung einstmals um komplett mit Kalksteinplatten bedeckte, pyramidenförmige Grabanlagen gehandelt haben. In ihrer äußeren Erscheinung muss man sich daher diese rechteckigen Tumuli als weithin sichtbare, weiß leuchtende Monumente vorstellen.

Über diese äußeren Merkmale hinaus konnten am Burrenhof auch schmale Graben- und Gräbchenanlagen unter den Hügelschüttungen dokumentiert werden. Bei ihnen handelt es sich wohl um Strukturen, die im Rahmen der Bestattungszeremonien eine Rolle spielten. Sie dienten allem Anschein nach zur Abgrenzung des eigentlichen Bestattungsareals. Mit Flechtwerkzäunen oder Palisaden versehen, könnten diese runden und zum Teil auch rechteckigen Gräbchen als Fundament eines Sichtschutzes fungiert haben, der die profane Welt vom sakralen Geschehen am Grab trennte.

Was die Lage der Bestattungen in den Hügeln anbelangt, so kann grundsätzlich zwischen zentralen und dezentralen Gräbern unterschieden werden. Letztere wurden allesamt als Körpernachbestattungen in die Grabhügel eingebracht und datieren in den jüngeren Abschnitt der Hallstattzeit (Ha D) oder in die frühe Latènezeit (Lt A).

Bei den im Hügelzentrum gelegenen Gräbern handelt es sich demgegenüber entweder um Bestattungen zu ebener Erde, auf einem kleinen Podium aus Erde oder um Grablegungen, die in rechteckig eingetiefte Gruben eingebracht wurden. Diese so genannten Schachtgräber datieren, genau wie die viereckigen Grabhügel mit Steineinfassung oder Steinbedeckung, in einen entwickelten Abschnitt der jüngeren Hallstattzeit und treten daher auch regelhaft gemeinsam auf.

Nicht jedes im Hügelzentrum gelegene Grab ist jedoch die ehemalige Primärbestattung. So kann man beobachten, dass das Zentrum der Grabhügel auch immer wieder ausgeräumt wurde, um für neue Bestattungen Platz zu schaffen.

Neben den genannten Beisetzungen in Hügeln fanden sich am Burrenhof, wie bereits beschrieben, aber auch mehrere in den Boden eingetiefte Gräber, die keine größere Überschüttung mit Erde erkennen lassen. Diese so genannten Brandgrubengräber waren oberirdisch wohl durch Markierungen wie Holzpfähle oder Steine gekennzeichnet und lagen zwischen den großen Tumuli.

Von Hügeln, Hühnern und Wasserstellen – früheisenzeitliche Besiedlung um Hülben, Grabenstetten und Erkenbrechtsweiler

Während der frühen Eisenheit gab es im hier zu besprechenden Gebiet sehr wahrscheinlich ein dichtes Netz von Wohn- und Bestattungsplätzen. Das Grabhügelfeld beim Burrenhof war dabei wohl nur eine von mehreren Nekropolen (Abb. 34).

Wie Vergleiche mit anderen Regionen der Schwäbischen Alb zeigen, betrug die Distanz zwischen den einzelnen früheisenzeitlichen Bestattungsplätzen in aller Regel nur 500 bis 1500 m. Im Umfeld des Burrenhofs sind aufgrund der starken landwirtschaftlichen Nutzung des Geländes heute keine weiteren Grabhügel mehr erhalten.

Früheisenzeitliche Grabfunde stammen jedoch aus der Flur „Hinterm Graben“, wo 1989 die Reste eines Keramikgefäßes und eines eisernen Häkchens geborgen wurden, die einstmals zu einer Brandbestattung gehörten. Für dieses Gewann deuten ältere Fundmeldungen auch die Existenz ehemaliger Grabhügel an. So ist überliefert, dass hier, in einem Steinkreis gelegen, menschliche Skelettreste und weiteres Fundmaterial beobachtet werden konnte.

Darüber hinaus scheint aus einer nicht mehr lokalisierbaren Grabhügelgruppe im Gewann „Bahnholz“, rund 300 m östlich des Burrenhofs, ein bronzenes Gürtelblech zu stammen. Weitere hallstattzeitliche Grabhügel, von denen heute im Gelände nichts mehr sichtbar ist und deren genaue Lage sich auch nicht mehr ermitteln lässt, befanden sich wohl in den Gewannen „Vor dem Winkel" und „Rauhe Dicke".

Erwähnenswert ist darüber hinaus ein Brandgrab, das beim Neubau eines Hauses in Hülben zutage kam. Wie sich aus bruchstückhaften Notizen entnehmen lässt, enthielt die Bestattung insgesamt 15 Keramikgefäße. Die große Zahl an Tonobjekten deutet dabei auf eine Bestattung der älteren Hallstattzeit (Ha C) hin, doch könnte es sich unter Umständen auch um ein Grab der Urnenfelderzeit gehandelt haben.

Aus einem Schriftstück des Jahres 1893 geht hervor, dass auch im Ortsbereich von Grabenstetten mit ehemaligen Grabhügeln zu rechnen ist. So berichtet der Entdecker: „... und fanden gleich Kohlen ... und ich sah auch gleich, daß es ein Grabhügel sei, wie auf dem Burren. Wir gruben sorgfältig und brachten auch gleich verschiedene werthvolle Artikel vor."

Obwohl die Funde aus diesen Entdeckungen heute größtenteils nicht mehr vorhanden sind, zeigen die Berichte dennoch, wie dicht das Geflecht an Grabhügeln und früheisenzeitlichen Bestattungsplätzen einstmals gewesen sein muss. Auch die Siedlungsplätze, die zu diesen Nekropolen gehörten, vermitteln ein entsprechendes Bild.

So kann über früheisenzeitliche Wohnplätze unter anderem vom „Buckleter Kapf" und wohl auch aus den Gewannen „Kniebrech" und „Kienbein" berichtet werden. Letztere Fundstelle liegt auf einem annähernd nach Westen exponierten Sporn, der eventuell durch eine

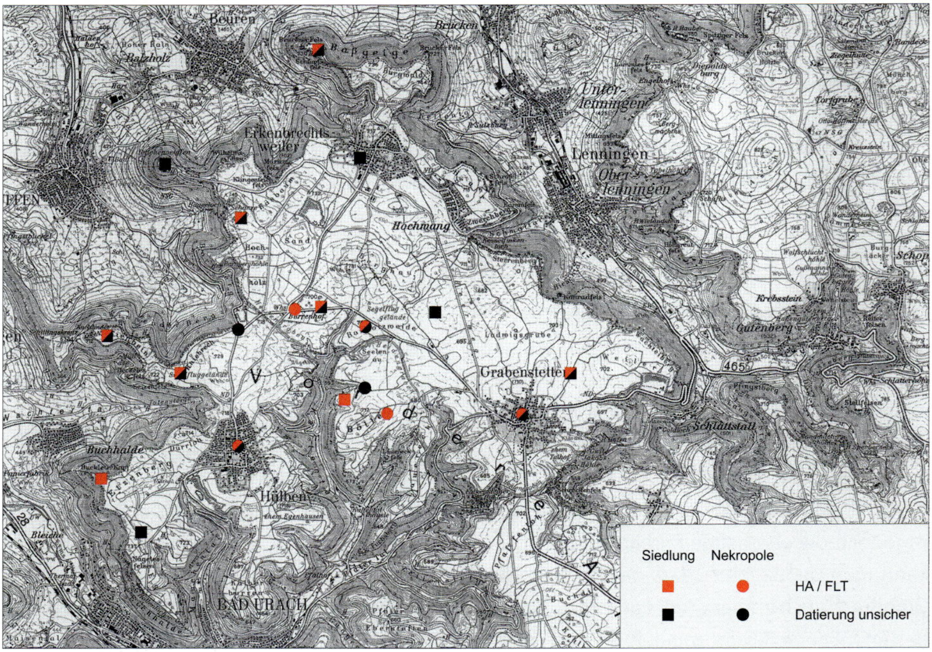

34 Gräberfelder und Siedlungen der frühen Eisenzeit auf der Grabenstettener, Erkenbrechtsweiler und Hülbener Berghalbinsel.

35 Gebrauchskeramik aus der früheisenzeitlichen Siedlung in der „Strangenhecke".

Abschnittsbefestigung zur Hülbener Berghalbinsel hin gesichert wurde. Funde von einer wohl ebenfalls früheisenzeitlichen Höhensiedlung stammen darüber hinaus vom „Beurener Fels", nordwestlich von Erkenbrechtsweiler.

Über die zum Gräberfeld beim Burrenhof gehörende Siedlung ist demgegenüber nur relativ wenig bekannt. Zwar konnte bereits vor geraumer Zeit in einer Senke östlich der Nekropole früheisenzeitliche Siedlungskeramik aufgelesen werden, doch scheinen weder die topographische Lage in einer Mulde noch neuere Begehungen diesen Fundpunkt mit Sicherheit zu bestätigen. Sehr wahrscheinlich gehörten einstmals nicht nur eine Siedlung, sondern zwei bis drei Weiler oder Gehöfte zum Gräberfeld beim Burrenhof. Ihre Verortung darf unweit der beim Burrenhof gelegenen Wasserstelle, einer Hüle, angenommen werden.

36 Bronzene Spiralfußfibel der frühen Latènezeit aus einem Grubenhaus der frühkeltischen Siedlung in der „Strangenhecke".

37 Reste eines 1996 in der „Strangenhecke" freigelegten Grubenhauses mit Feuerstelle.

Sehr viel besser untersucht ist demgegenüber die bereits seit langer Zeit bekannte Siedlung im Gewann „Strangenhecke". Neuere Grabungen, die hier in den Jahren 1994 bis 1999 vom Institut für Ur- und Frühgeschichte und Archäologie des Mittelalters der Universität Tübingen durchgeführt wurden, erbrachten ein reichhaltiges Inventar an Metall- und Keramikfunden (Abb. 35). Hervorzuheben ist dabei eine vollständig erhaltene Spiralfußfibel der frühen Latènezeit (Abb. 36). Darüber hinaus konnten Haus- und Wohnstrukturen dokumentiert werden, die einen Einblick in das Leben vor rund 2500 Jahren vermitteln. Neben einer lokalen Töpferei kann sowohl die Herstellung von Textilien und Stoffen als auch das Schmelzen und die Weiterverarbeitung von Bronze belegt werden.

Diese handwerklichen Tätigkeiten wurden wohl in halb unterirdischen Gebäuden, so genannten Grubenhäusern, ausgeführt. Daneben spielten Landwirtschaft und Viehzucht eine wichtige Rolle. Im Fall der Siedlung in der „Strangenhecke" ist auf den außerordentlich hohen Anteil an Hühnerknochen hinzuweisen. Das Haushuhn war erst wenige Jahrzehnte zuvor aus dem mediterranen Raum eingeführt worden und hat im Spektrum der meisten südwestdeutschen Fundstellen der frühen Eisenzeit keine allzu große Bedeutung.

Neben Hühnern gehörten Schweine, Schafe und Ziegen sowie Rinder zum gängigen Repertoire der Haus- und Nutztiere. Erwähnenswert ist darüber hinaus die Tatsache, dass auch Pferde und Hunde auf dem Speiseplan der hier lebenden früheisenzeitlichen Bevölkerung standen.

An Getreidearten konnten Spelzgerste, Dinkel, Emmer, Einkorn und Hafer nachgewiesen werden, während Nacktweizen nur in geringerem Umfang angebaut wurde. Des Weiteren gehörten Hülsenfrüchte zur Ernährung der in der „Strangenhecke" siedelnden Menschen.

Die Wasserversorgung wurde zum einen durch eine unweit der Fundstelle gelegene Hüle, aber auch durch traufnahe Quellen gewährleistet.

Aus chronologischer Sicht umfasst die Siedlung in der „Strangenhecke" sowohl einen späten Abschnitt der Hallstattzeit als auch einen Teil der Frühlatènezeit. Die Dauer der Besiedlung dürfte sich dabei vom 5. bis in das 4./3. Jh. v. Chr. erstreckt haben. Das Ende der frühkeltischen Siedlung lässt sich derzeit nicht exakt bestimmen. Sicher ist jedoch, dass es keine Kontinuität bis zur Entstehung des Heidengrabens und der Elsachstadt im 2. Jh. v. Chr. gab.

Zahlreiche Fundstreuungen aus dem Bereich des hier zu besprechenden Gebiets deuten auf weitere Siedlungen und Gräberfelder der frühen Eisenzeit hin. Ihre Datierung und Ansprache gilt es in Zukunft genauer zu klären.

Spindel, Tiegel, Töpferton – Haus- und Handwerk in der frühen Eisenzeit

Aus einer mittlerweile großen Anzahl von Ausgrabungen und Untersuchungen kennen wir heute den erstaunlichen Stand von Handwerk und Technik zur Zeit der frühen Kelten recht gut.

Schon der für den älteren Abschnitt der Kelten- bzw. Eisenzeit namengebende Fundort Hallstatt im österreichischen Salzkammergut ist ein spektakulärer Glanzpunkt, hier wurde bereits seit der Spätbronzezeit über Jahrhunderte in Stollensystemen und Schächten unter Tage Salz abgebaut und exportiert. Neben dem technischen Know-how ist auch der für einen solch anspruchsvollen Betrieb notwendige hohe Organisationsgrad bemerkenswert.

38 Zeichnerische Rekonstruktion des Grubenhauses.

39 Ähnlich wie die Rekonstruktion des Dorfes bei Hochdorf (Kr. Ludwigsburg) muss man sich auch die Siedlung „Strangenhecke" vorstellen.

Der kennzeichnende Werkstoff der Epoche, das Eisen, wurde souverän beherrscht, wie dies etwa der fast vollständig eisenbeschlagene Wagen aus dem Prunkgrab von Hochdorf/Enz zeigt. Das Material stammte vermutlich aus dem bislang ältesten bekannten Eisenrevier diesseits der Alpen um Neuenbürg im Schwarzwald, wo spätestens seit dem 6. Jh. v. Chr. offenbar im großen Stil Erz verhüttet wurde. Die damals schon seit mehr als einem Jahrtausend gebräuchliche Bronze wurde durch das Eisen keineswegs verdrängt, sondern blieb, schon ihres goldenen Glanzes wegen, in gegossener, getriebener, gepunzter und ziselierter Form der Hauptwerkstoff für Zierrat und Utensilien aller Art bis hin zu Kesseln und Trinkgeschirr. Ebenfalls aus Hochdorf, aber auch von anderen Fundstellen, stammen Belege für feinste Stoffe aus Leinen, Wolle oder beidem mit komplizierten Webmustern und einst prächtigen Farben, davon kein Stück wie das andere. Das Können der Holzhandwerker zeigen kunstgerechte Verzimmerungen, die leider nur selten erhalten sind, sowie indirekt wieder die Wagen mit ihren Speichenrädern, auch wenn hier meist nur die Metallbeschläge übrig blieben. Das Drechseln von Holz, Bernstein und Gagat, die Verwendung der Töpferscheibe ab dem 5. Jh. v. Chr. oder die einzigartige Lehmziegelmauer der Heuneburg an der oberen Donau machen deutlich, dass man im Kontakt mit der mediterranen Kultur der Griechen nicht nur das Weintrinken lernte, sondern auch technische Neuerungen aufnahm, um die eigenen Kenntnisse und Fertigkeiten zu erweitern.

Leider sind die Erhaltungsbedingungen für hochwertige Zeugnisse des Handwerks in den Böden des Heidengrabens nicht günstig. Reste von organischem Material wie Holz, Leder und Textilien erhalten sich im Ackerboden generell meist nur, wo sie an Metall ankorrodiert sind, aber auch Funde aus Metall, insbesondere aus Eisen, sind hier in der Regel stark korrodiert. Sogar Knochen erhalten sich im kalkarmen Verwitterungslehm nur, wenn sie direkt neben

Kalksteinen liegen, andernfalls vergehen sie restlos. Zudem liegen die meisten Flächen seit Jahrhunderten unter dem Pflug, und die moderne Landwirtschaft beschleunigt zwangsläufig den Zerfall durch intensivierte Bodenbearbeitung und Düngemittel, die besonders dem Eisen zusetzen.

Am beständigsten hält sich Keramik, die (auch weil sie kaum umgearbeitet werden kann) regelmäßig die größte Fundgruppe bildet. Hier sticht vor allem die im Alb-Hegau-Stil prächtig verzierte, von Hand aufgebaute Grabkeramik des 8./7. Jh. v. Chr. hervor, wie sie aus vielen Grabhügeln der Alb und auch vom Burrenhof stammt (s. S. 42 f.) – nicht zuletzt, weil davon ganze Sätze vollständiger Gefäße in die Gräber gelangten, wogegen das an sich schon schlichtere Alltagsgeschirr der Siedlungen bereits als zerbrochener Abfall in den Boden kam.

40 Zahlreiche Spinnwirtel aus Ton belegen, dass in der Siedlung „Strangenhecke" Garn gesponnen wurde.

Ob die in einzelnen Scherben vorkommende Drehscheibenware am Ort gefertigt wurde, ist zweifelhaft, die handgemachte Ware für den Eigenbedarf – unter der sich auch offensichtliche Nachahmungen von Drehscheibenware finden – wurde sicher in jeder Siedlung selbst hergestellt, wenngleich sich keine Spuren von Brennöfen mehr auffinden lassen. Im Material aus der Siedlung „Strangenhecke" weist die große Variationsbreite von Töpfen und Schüsseln auf individuelle häusliche Produktion. Auch einige Reste von Töpferton deuten darauf hin.

Spinnwirtel aus Ton sind die häufigsten Anzeiger für textiles Handwerk. Die unterschiedliche Größe dieser kleinen, auf die (wohl meist hölzerne) Spindel aufgeschobenen Schwunggewichte dürfte entsprechende Verwendung anzeigen, um feines oder grobes Garn aus Flachs oder Wolle verschiedener Qualitäten zu verspinnen. Die meisten Spinnwirtel der Siedlung „Strangenhecke" stammen aus den halb in den Boden eingetieften Grubenhäusern, die wohl wegen der darin herrschenden gleichmäßigeren Temperatur und Luftfeuchte als Vorrats-, häufig aber auch als Webhäuser dienten. Von den darin stehenden hölzernen Gewichtswebstühlen hat sich kaum je etwas anderes erhalten als tönerne Webgewichte, in der „Strangenhecke" selbst davon lediglich ein einziges Bruchstück. Aus demselben Grubenhaus stammen auch zwei eiserne Nähnadeln.

Herausragendstes, wenn auch indirektes Zeugnis des Holzhandwerks sind die Überreste bronzebeschlagener Naben eines Wagens aus einem Grabhügel beim Burrenhof (s. Abb 9) und die Spuren der hölzernen Grabkammern.

Die Verhüttung von Eisen in keltischer Zeit konnte im Heidengrabenareal – trotz dem Vorkommen von Bohnerz – bislang nicht nachgewiesen werden. Es fehlt sowohl an Überresten von Verhüttungsöfen wie auch an Verhüttungsschlacken, die eindeutig eisenzeitlich und nicht mittelalterlich oder jünger sind. Der nächstgelegene gleichzeitige Verhüttungsplatz wurde in St. Johann-Würtingen, rund 8 km südwestlich jenseits des Ermstales ausgegraben. Was vorliegt und entsprechend datierbar ist, sind gewöhnliche Verarbeitungs- oder Schmiedeschlacken. Auch Buntmetall, wohl Bronze, wurde verarbeitet, wie einige Gusstiegelfragmente sowie eine Grube und ein Grubenhaus mit lokal erhöhten Schwermetallwerten anzeigen.

Insgesamt lassen die nachgewiesenen Tätigkeiten keine Besonderheiten erkennen, die über das übliche Spektrum von Haus- und Handwerk in einer auf Selbstversorgung ausgelegten Siedlung der älteren Eisenzeit hinausgehen würden.

41 Auf hölzernen Gewichtswebstühlen verwob man wohl in den Grubenhäusern das Garn zu Stoffen. Erhalten blieben nur Gewichte aus Ton.

Das Oppidum Heidengraben

Zentren der Macht – die Welt der Oppida

Nach der Zeit der „keltischen Wanderungen“ des 4. und 3. Jh. v. Chr. entwickelten sich im 2. und 1. Jh. v. Chr. eine ganze Reihe großer befestigter Siedlungen, für die sich der Begriff „Oppida“ (Einzahl: Oppidum) eingebürgert hat. Innerhalb dieser Fundstellen nimmt der Heidengraben eine Sonderstellung ein, da er mit einer befestigten Fläche von fast 1700 ha die mit Abstand größte Anlage dieser Art auf dem europäischen Festland darstellt. Man kennt heute von Frankreich bis Ungarn etwas mehr als 150 Oppida, die meisten in Gallien (s. Abb 6). Ohne die durchaus wichtigen Einflüsse aus der römischen Welt zu vergessen, muss das Aufkommen der Oppida angesichts der aktuellen Daten vor allem als das Ergebnis einer inneren Entwicklung der nordalpinen Gesellschaften betrachtet werden.

Die Benutzung des lateinischen „oppidum“ geht auf Gaius Iulius Caesar zurück, der den Begriff in seinem berühmten Bericht über seine Feldzüge in Gallien in den Jahren 58–51 v. Chr. verwendet (*Commentarii De Bello Gallico*, abge-

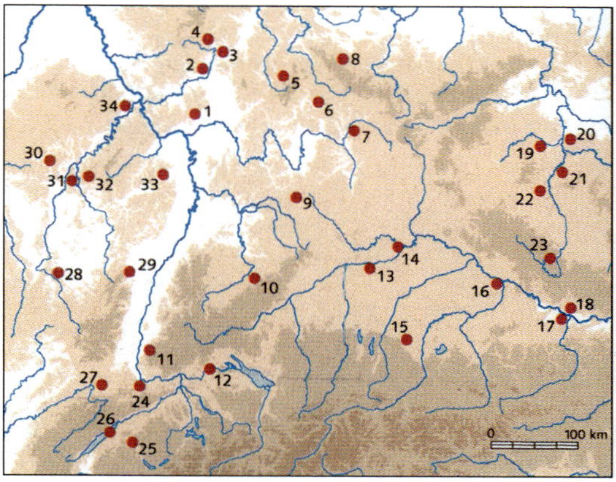

42 Verbreitungskarte der Oppida in Süddeutschland und angrenzenden Gebieten.

1 Heidetränk bei Oberursel (Hessen)
2 Dünsberg bei Gießen (Hessen)
3 Amöneburg bei Marburg (Hessen)
4 Altenburg bei Niedenstein (Hessen)
5 Milseburg bei Kleinsassen (Hessen)
6 Steinsburg bei Römhild (Thüringen)
7 Staffelberg bei Staffelstein (Bayern)
8 Alteburg bei Arnstadt (Thüringen)
9 Finsterlohr (Baden-Württemberg)
10 Heidengraben bei Grabenstetten (Baden-Württemberg)
11 Tarodunum bei Kirchzarten (Baden-Württemberg)
12 Altenburg/Rheinau am Rhein (Baden-Württemberg und Schweiz)
13 Manching bei Ingolstadt (Bayern)
14 Michelsberg bei Kelheim (Bayern)
15 Fentbach (Bayern)
16 Passau (Bayern)
17 Kürrnberg bei Linz (Österreich)
18 Gründberg bei Linz (Österreich)
19 Stradonice (Tschechische Republik)
20 Závist (Tschechische Republik)
21 Hrazany (Tschechische Republik)
22 Nevezice (Tschechische Republik)
23 Trísov (Tschechische Republik)
24 Basel-Münsterhügel (Schweiz)
25 Bern-Engehalbinsel (Schweiz)
26 Mont Vully (Schweiz)
27 Mandeure (Frankreich)
28 Essey-les-Nancy (Frankreich)
29 Fossé des Pandours (Frankreich)
30 Wallendorf (Rheinland-Pfalz)
31 Kastel-Staadt (Rheinland-Pfalz)
32 Otzenhausen (Rheinland-Pfalz)
33 Donnersberg bei Kirchheim-Bolanden (Rheinland-Pfalz)
34 Martberg bei Pommern an der Mosel (Rheinland-Pfalz)

kürzt BG). Durch ihn kennen wir Namen, Lage und Einzelheiten zahlreicher gallischer Oppida. Sie erscheinen in verschiedener Funktion als wichtige Schauplätze des Gallischen Krieges, als umkämpfte Festungen wie *Avaricum*, *Gergovia* oder *Alesia*, als Orte politischer Versammlungen, als Handelszentren, Verkehrsknotenpunkte und Vorratslager. Allerdings täuscht der Begriff Gleichartigkeit vor, wo in Wirklichkeit Vielfalt herrschte. Die Fundstellen, die von den Archäologen unter dieser Bezeichnung zusammengefasst werden, reichen von relativ kleinen Anlagen wie dem Hunnenring bei Otzenhausen bis hin zu riesigen Flächen wie Kelheim oder dem Heidengraben und umfassen nahezu leere Plätze wie Finsterlohr genauso wie regelrechte Städte, z. B. Manching, Bibracte oder Corent. Auch regional findet man erhebliche Unterschiede, sodass von einer einheitlichen „Zivilisation der Oppida" letztendlich nicht die Rede sein kann.

43 Aus der Luft kann man gut die Verfärbungen der einstigen Bauten im Oppidum Manching bei Ingolstadt erkennen.

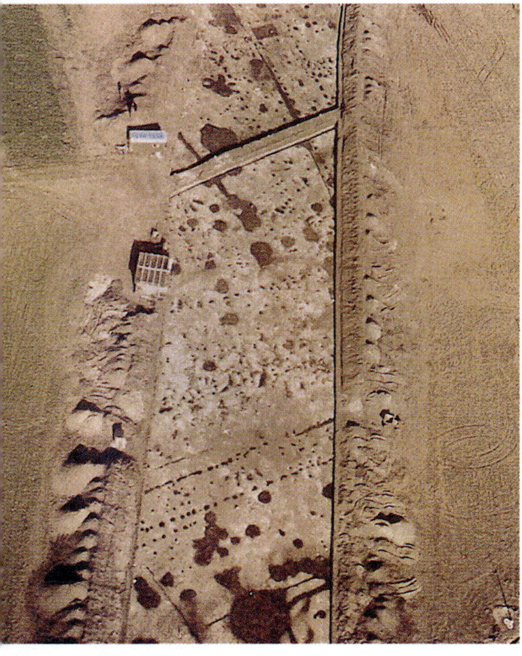

Die Erforschung der Oppida, die für immer mit Namen wie Napoleon III. oder Joseph Déchelette verbunden sein wird, hat in den letzten Jahrzehnten große Fortschritte gemacht, die das traditionelle Bild dieser Zentren zumindest teilweise veränderten. Als am besten untersucht gelten Manching bei Ingolstadt in Bayern und Bibracte in Burgund, herausragende Ergebnisse haben aber auch der Titelberg in Luxemburg oder Corent in der Auvergne geliefert.

Die Oppida werden oft als „erste Städte nördlich der Alpen" bezeichnet, nicht zuletzt aufgrund ihrer beachtlichen Bevölkerung, die in vielen Fällen mehrere Tausend Einwohner umfasst haben dürfte. Jedoch ist angesichts jüngster Grabungsergebnisse festzustellen, dass schon im 6. und 5. Jh. v. Chr. in Mitteleuropa eine Reihe von Zentralorten wie die Heuneburg im Kreis Sigmaringen, der Mont Lassois am Oberlauf der Seine oder Bourges in Zentralfrankreich existierten, die durchaus das Prädikat „Stadt" verdienen. Andererseits trugen aber auch längst nicht alle spätlatènezeitlichen Oppida urbane Züge, sodass nur einige von ihnen regelrechte „keltische Städte" darstellen.

Eines der charakteristischen Merkmale der Oppida waren ihre monumentalen Befestigungen, die zum Teil noch heute im Gelände sichtbar sind und bisweilen riesige Ausmaße annehmen konnten (ca. 7 km lange Mauern in Manching oder 8,5 km am Donnersberg in der Pfalz). Sie besaßen zugleich fortifikatorische, repräsentative und symbolische Funktionen. Neben ihrer Rolle als Befestigung stellten Mauern, Gräben und Tore repräsentative Bauwerke dar, die die Identität der jeweiligen Gruppe symbolisierten. Die Errichtung und Instandhal-

44 Die Wiederverwertung von Altmaterial spielte immer eine Rolle und anscheinend besonders in der Spätphase von Manching.

tung der imposanten Befestigungswerke dürfte die wichtigste kollektive Arbeit der damaligen Zeit gewesen sein, was mit Sicherheit die Etablierung von gemeinsamen Bindungen, aber auch die Machtverhältnisse förderte und somit identitätsstiftend wirkte. In vielen Oppida konnten mehrere Bau- bzw. Reparaturphasen dokumentiert werden, als wichtigste Bautechniken finden sich der *murus gallicus* und die Pfostenschlitzmauer (s. S. 66).

Zumeist waren die Oppida multifunktionale Zentralorte, die politisch-administrative, kultisch-religiöse, wirtschaftliche und fortifikatorische Funktionen erfüllten. Gemäß dem damaligen Zeitgeist, geprägt vom Fortschrittsideal am Ende des 19. und zu Beginn des 20. Jh., stand am Anfang der Forschungen vor allem der wirtschaftliche Faktor im Vordergrund, was zur Prägung eines Bildes der Oppida als wichtige vorindustrielle Produktions- und Handelszentren führte. In der Tat findet man an Fundplätzen wie Manching zahlreiche Hinweise auf Metallhandwerk, Münzprägung, Glasarmringproduktion oder Fernhandel. Zur selben Zeit gibt es aber auch andere Oppida, die sich keineswegs durch eine bedeutende wirtschaftliche Rolle auszeichnen. Manche von ihnen wurden sogar an Standorten errichtet, die man aus einer rein ökonomischen Perspektive als ungünstig bezeichnen würde und die sich nur unter Rückgriff auf religiöse oder repräsentative Überlegungen erklären lassen (z.B. Bibracte oder das Heidetränk-Oppidum bei Frankfurt/M.). Gleichzeitig hat die Entdeckung einer ganzen Reihe von großen offenen Siedlungen aus dem 3. bis 1. Jh. v. Chr. – wie z.B. Levroux (Zentralfrankreich), Basel-Gasfabrik (Schweiz), Berching-Pollanten (Oberpfalz/Bayern), Bad Nauheim (nördlich von Frankfurt/M.), Lovosice (Böhmen) oder Němčice (Mähren) – bewiesen, dass bedeutende wirtschaftliche Aktivitäten wie Münzprägung, Handel mit dem Mittelmeergebiet, Massenproduktion von bestimmten handwerklichen Gütern etc. keineswegs auf die Oppida beschränkt waren.

45 Auf dem Titelberg wurde der Kultbezirk des Oppidums durch einen 4 m breiten Graben abgetrennt, der als Opferplatz diente.

In neuerer Zeit wird deshalb zunehmend die politische und religiöse Rolle der Oppida hervorgehoben. Mittlerweile häufen sich Belege für die Existenz von Heiligtümern und öffentlichen Plätzen innerhalb der Anlagen; als Beispiele seien hier die Heiligtümer von Manching und Corent sowie der öffentliche Kultbezirk vom Titelberg genannt. In diesem letzten Zentrum wurde gegen 100 v. Chr. ein 10 ha großes Areal vom Rest des Oppidums durch einen Kultgraben abgegrenzt. Nach Aussage der Grabungen fanden in diesem öffentlichen Bereich vom Titelberg politische Versammlungen, öffentliche Kulthandlungen und große Jahrmärkte statt. Mit anderen Worten: Wir befinden uns vor einem Paradebeispiel für die Wechselwirkungen zwischen politischer, religiöser und wirtschaftlicher Macht.

Eine der schwierigsten Fragestellungen ist weiterhin die Suche nach den Gründen für das Ende der Oppida. Je nach Region und konkretem Einzelfall gab es sehr unterschiedliche Szenarien. Viele gallische Oppida erlebten z.B. eine Blütezeit in den Jahrzehnten unmittelbar nach der römischen Eroberung, ihr Niedergang erfolgte erst kurz vor der Zeitwende, wie im Falle von Bibracte, das zugunsten des in der Ebene gelegenen Autun aufgegeben wurde. Manche Oppida entwickelten sich sogar zu florierenden gallo-römischen Städten, deren Besiedlung zum Teil bis in die Gegenwart reicht, u.a. Be-

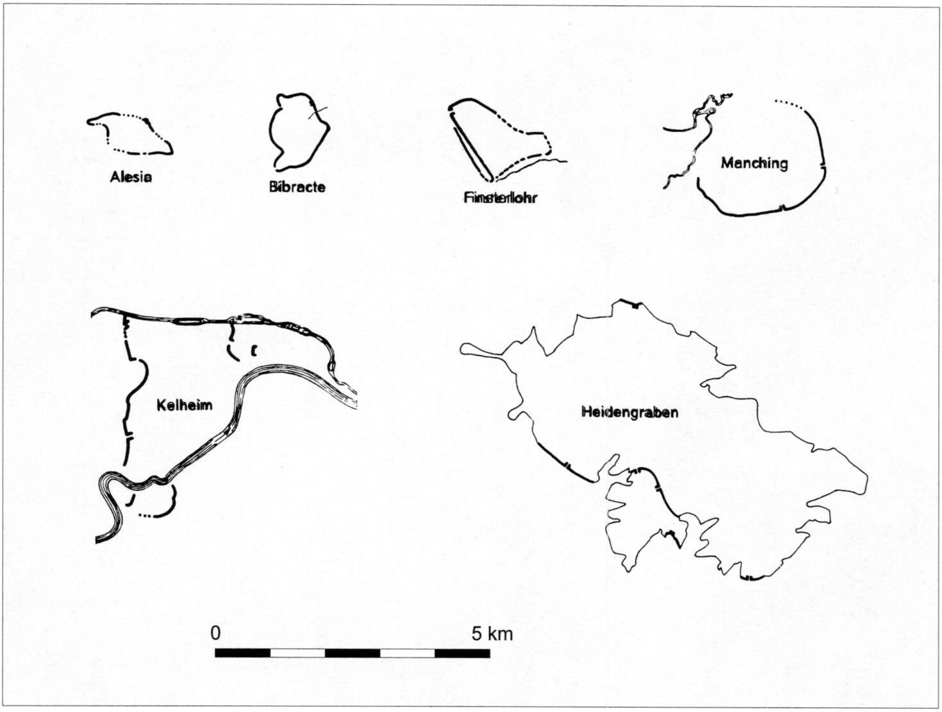

46 Keltische Oppida im Größenvergleich.

sançon oder Bourges. Dagegen scheinen in anderen Gebieten wie Süddeutschland viele Oppida schon vor Ankunft der römischen Legionen untergegangen zu sein, vielleicht in Zusammenhang mit dem Eindringen von „germanischen" Gruppen. Es gab auf jeden Fall verschiedenartige Entwicklungen, meist dürfte erst das Zusammentreffen mehrerer Faktoren zum Niedergang der Oppida geführt haben. Auch hier zeichnet sich ab: Vielfalt statt Einheitlichkeit!

Die spätkeltischen Befestigungsanlagen

Das augenfälligste, bedeutendste und auch namengebende Relikt des Heidengrabens sind seine weitläufigen Wallanlagen, deren Zusammenhang sich aus der erdgebundenen Perspektive des Wanderers zunächst nur unvollständig erschließt. Erst der Blick auf die Karte lässt die souveräne Ausnutzung der Geländegegebenheiten erkennen und die Effizienz, mit der durch Abschnittswälle von zusammen kaum 2,5 km Länge zwischen den tiefen Taleinschnitten des Albtraufs die Abgrenzung der Gesamtfläche von nicht ganz 1700 ha (17 km^2) bewerkstelligt wurde.

Zu den die Gesamtanlage nach außen begrenzenden Wällen kommen zwei größere Wallabschnitte von etwa 1,6 und 2,0 km innerhalb der Anlage sowie Wälle, die in bestimmten Bereichen die natürlichen Hangkanten am Rand der Hochfläche verstärkten.

Diese Gesamtschau ist erst nach und nach zusammengetragen und nicht alle Wälle sind von Beginn an erkannt worden. Ersten topo-

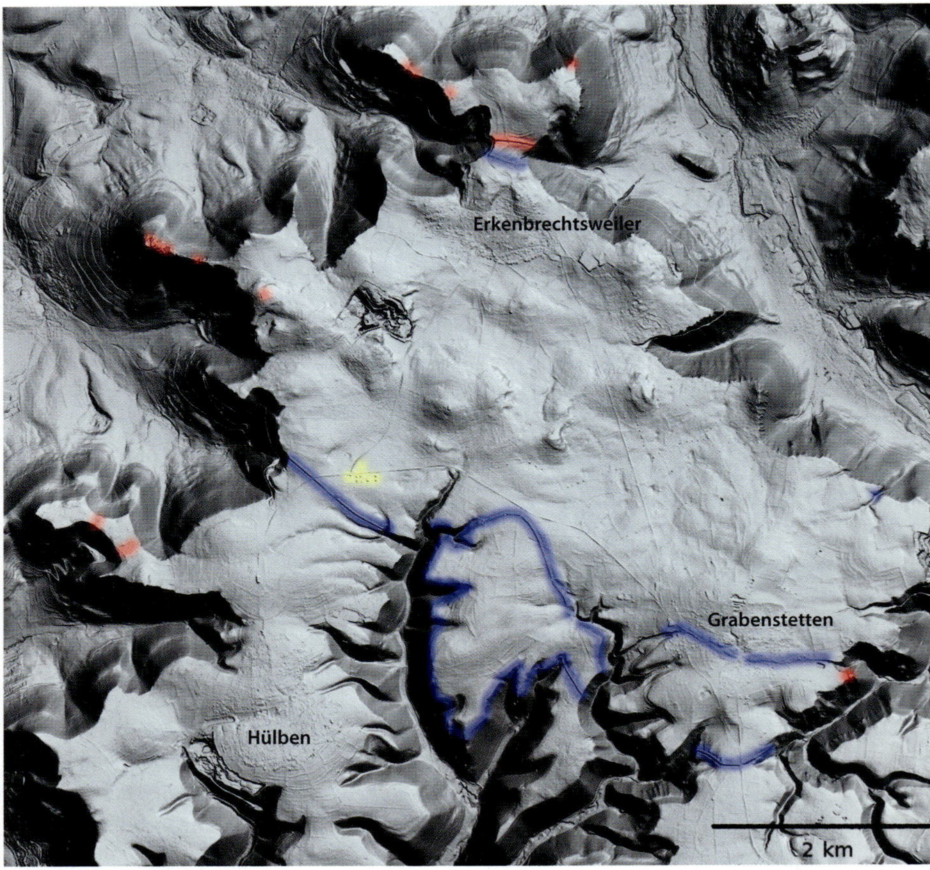

47 Der Laserscan lässt das Relief und die obertägig sichtbaren Geländedenkmale deutlich hervortreten. Gelb: Der Burrenhof mit den wiederaufgeschütteten Grabhügeln. Blau: Die spätkeltischen Befestigungen. Rot: Andere Anlagen (meist mittelalterlich/neuzeitlich).

graphischen Aufnahmen 1893 (Major Steiner) und 1904 (Braun und Wetzel) folgte am Anfang der 1940er-Jahre eine umfassende Vermessung durch G. Kottmayer. Damit war die Grundlage für den 1971 von Franz Fischer veröffentlichten Plan der Wallanlagen gegeben, der 1981 um den erst nach dem Zweiten Weltkrieg erkannten Wall durch Grabenstetten mit Tor H ergänzt werden konnte. Weitere systematische Vermessungen an der Elsachstadt in den 1990er-Jahren durch D. Müller mit Studenten der Hoch- bzw. Fachhochschulen Stuttgart und Karlsruhe deuten darauf hin, dass auch die westliche und südliche Hangkante der Elsachstadt (s. S. 70f.) weitgehend befestigt waren, wenn auch wahrscheinlich nicht durch Wälle oder Mauern.

Mehrere archäologische Untersuchungen der Wälle auf der Hochfläche konnten diese als verfallene Pfostenschlitzmauern identifizieren,

48 Etwa so wird man sich die „klassischen" Zangentore A, B, E und F des Heidengrabens vorstellen dürfen. Da allerdings keines von ihnen bisher ausreichend untersucht wurde, wird hier auf andere, besser ergrabene Befunde, wie etwa Manching, zurückgegriffen.

wie sie in vorrömischer Zeit häufig nachgewiesen sind. Sie waren insbesondere in spätkeltischer Zeit das östlich des Rheins übliche Gegenstück zum *murus gallicus*, wie ihn C. Iulius Caesar in Gallien vorfand und beschrieb.

Die Tore

In den Wallabschnitten wurden bisher insgesamt acht Toranlagen erkannt (Tor A bis H, wobei Tor C von F. Fischer angezweifelt wird).

49 Tor A. Abgerundete Ecke der Pfostenschlitzmauer zwischen Außenfront und Torwange bei der Freilegung durch Hertlein 1906.

50 Grundriss von Tor A nach der Teiluntersuchung durch F. Hertlein 1906.

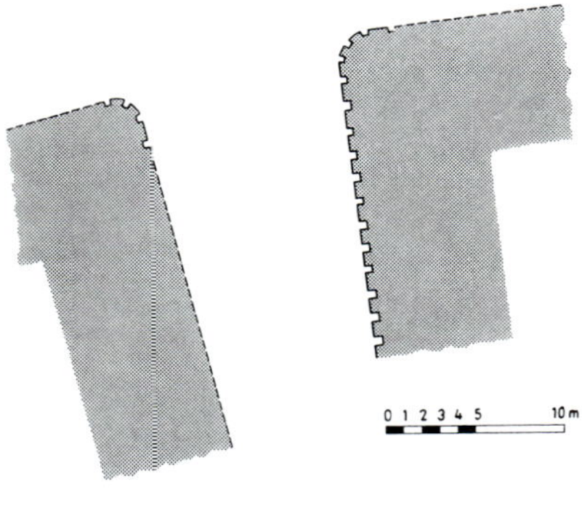

51 Schematischer Rekonstruktionsvorschlag für die Pfostenschlitzmauer beim Burrenhof auf Grundlage der Ausgrabung von 1974 (s. S. 76).

Keltisches Verbundmauerwerk

Der *murus gallicus* („gallische Mauer") mit innerhalb der Mauer in mehreren Lagen längs und quer liegenden und meist vernagelten Balken, von denen nur die Köpfe in der Trockenmauerfront zu sehen sind, ist östlich des Rheins nur vereinzelt nachgewiesen (z.B. Manching). Hier waren Pfostenschlitzmauern üblich, bei denen alle 1 bis 2 m solide Pfosten in der ohne Mörtel trocken gesetzten Mauerfront standen, mehrfach verankert durch waagrechte Balken, die nach hinten in den mehrere Meter starken Mauerkern liefen. Dort waren sie meist mit Pfosten verbunden, die entweder ihrerseits in der Rückfront der Mauer standen oder mit einer rückwärtigen Rampe überschüttet waren, die einen schnellen Zugang auf die Mauern ermöglichte. Auch Mischformen mit Merkmalen beider Typen konnten festgestellt werden. Der Mauerkern bestand aus Erde und Steinen, mit denen man nicht selten die liegenden Ankerbalken umgab, um die Erdfeuchte wenigstens etwas abzuhalten. Dennoch dürfte die Lebensdauer einer solchen Mauer nur wenige Jahrzehnte betragen haben, wie dies die nicht selten (und teils mehrfach) feststellbaren Reparaturphasen solcher Mauern bestätigen.

Die Benennung der Tore mit den Buchstaben A bis G geht auf F. Hertlein zurück, Tor H kam später hinzu. Sie alle können mehr oder weniger als Varianten des typischen spätkeltischen Zangentores gelten. Hierbei biegen die Mauern beiderseits des Zugangsweges nach innen und bilden eine gewöhnlich mehr als 10 m breite Torgasse, die z.B. bei Tor F rund 35 m Länge aufweist, und an deren Ende in der Regel eine Art Torhaus anzunehmen ist. Dies legen die Spuren großer Pfostengruben nahe, wie sie an dieser Stelle bei Tor G oder auch in Manching und anderswo nachgewiesen werden konnten. Ihre

52 Der Elsachstadt-Wall mit seinem Doppelgraben, nach Hertleins Wallschnitt 1906. Typisch sind die mehrere Meter breiten Bermen (ebene Flächenstreifen) zwischen Mauer und Graben bzw. beiden Gräben (entspricht Profil 1 auf Karte Abb. 56).

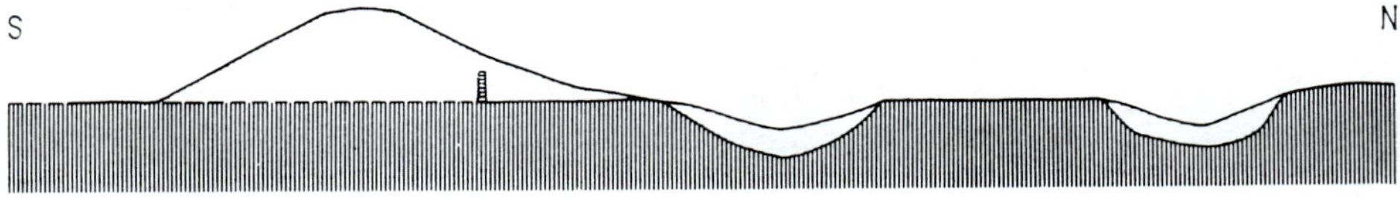

Dimensionen und die zweischiffige Anordnung mit mehreren Mittelpfosten in der Fahrbahn lassen zwei getrennte Fahrspuren und Torflügel unter einem soliden, vielleicht sogar zweistöckigen Überbau möglich erscheinen.

Varianten dieser Toranlagen ergeben sich vor allem dort, wo das Tor im Schnittpunkt zweier im Winkel aufeinander treffender Mauerfluchten liegt (Tore D, H) sowie durch das mehr oder weniger gerundet trichterförmige Einbiegen der Mauerschenkel in die Torgasse (Tore C, G).

53 Die winterliche Elsachstadt mit Lauereck, Fuchsberg und dem Pfähler Tal am oberen Bildrand. Rechts das bewaldete Kaltental, am Bildrand Hülben. Gut zu erkennen ist der Wall der Elsachstadt sowie die heutige Bewaldung rund eines Drittels ihrer Fläche.

Die Befestigungen der Elsachstadt

Als eigentlicher Kernbereich des Heidengrabens gilt die gut 150 ha große, von F. Hertlein erstmals so bezeichnete Elsachstadt, benannt nach dem je nach Witterung bei oder aus der Falkensteiner Höhle entspringenden und bei Bad Urach in die Erms mündenden Flüsschen. Nur in der Elsachstadt wurden bislang nennenswerte Siedlungsstrukturen nachgewiesen.

Im Westen bildet der Steilabfall zum Kaltental die Grenze der Elsachstadt und zugleich des gesamten Heidengrabens, ebenso im Südosten der Steilhang zu dem kleinen, hier vom Kaltental in nordnordöstlicher Richtung abgehenden Lenninger Täle (nicht zu verwechseln mit dem Tal der Lenninger oder Kirchheimer Lauter östlich des Heidengrabens, in dem die Gemeinde Lenningen liegt). Ein von Tor D, am Ende des Lenninger Täle gelegen, in südöstlicher Rich-

54 Blick nach Nordwesten über den Südosten der Elsachstadt, deren Wall mit Tor C am rechten oberen Bildrand erscheint. Der Lauereckwall zieht unter Bäumen am Waldrand vom Plateaurand zur Uracher Steige (unten rechts) schnurgerade nach oben zum unter der Waldspitze verborgenen Tor D. Gut zu sehen ist, wie die als Befestigung gedeutete schmale, wegartige Verebnungsfläche den Buckel des Spechtensteigs trapezförmig umzieht (links der Bildmitte).

tung verlaufendes, gerades Wallstück von rund 350 m schneidet die lang gezogen nach Süden auslaufende Landspitze von Lauereck und Fuchsberg von der Elsachstadt ab. Es endet am Steilhang zur Uracher Steige, dessen Hangkante von hier aus nordwärts den Ostrand der Elsachstadt bildet, bis zu seinem Auslaufen im nordwestlichen Zipfel dieses Taleinschnittes. Hier setzt der rund 1,5 km lange Elsachstadt-Wall mit den Toren C, B und A an. Zunächst in nordnordwestlicher Richtung verlaufend, schwenkt er nahe der Landstraße zwischen dem Burrenhof und Grabenstetten in weitem Bogen nach Westsüdwest ein, erreicht bei Tor A wieder das Kaltental an dessen nordöstlichstem Ausläufer und schließt so die Elsachstadt von der Gesamtfläche des Oppidum ab.

Wall, Tor und Gräben bei Tor A

Der Elsachstadt-Wall wurde 1906 von Hertlein untersucht, der rund 100 m östlich von Tor A einen Schnitt durch Wall und Doppelgraben legte (s. Abb. 52). Er konnte eine noch 55 bis 90 cm hoch erhaltene und 30 bis 40 cm starke Mauerfront aus sauber ohne Mörtel gesetzten, mindestens zum Teil behauenen Weißjurakalk-Plat-

55 Der auf Laserdaten beruhende Höhenlinienplan (Auflösung: 1 m) der Elsachstadt mit den durch die Universität Tübingen 1990–2003 untersuchten Flächen lässt die bereits von Maj. Steiner 1893 und von Hertlein beschriebenen wegartigen Terrassenbänder am Plateaurand über dem Kaltental deutlich erkennen.

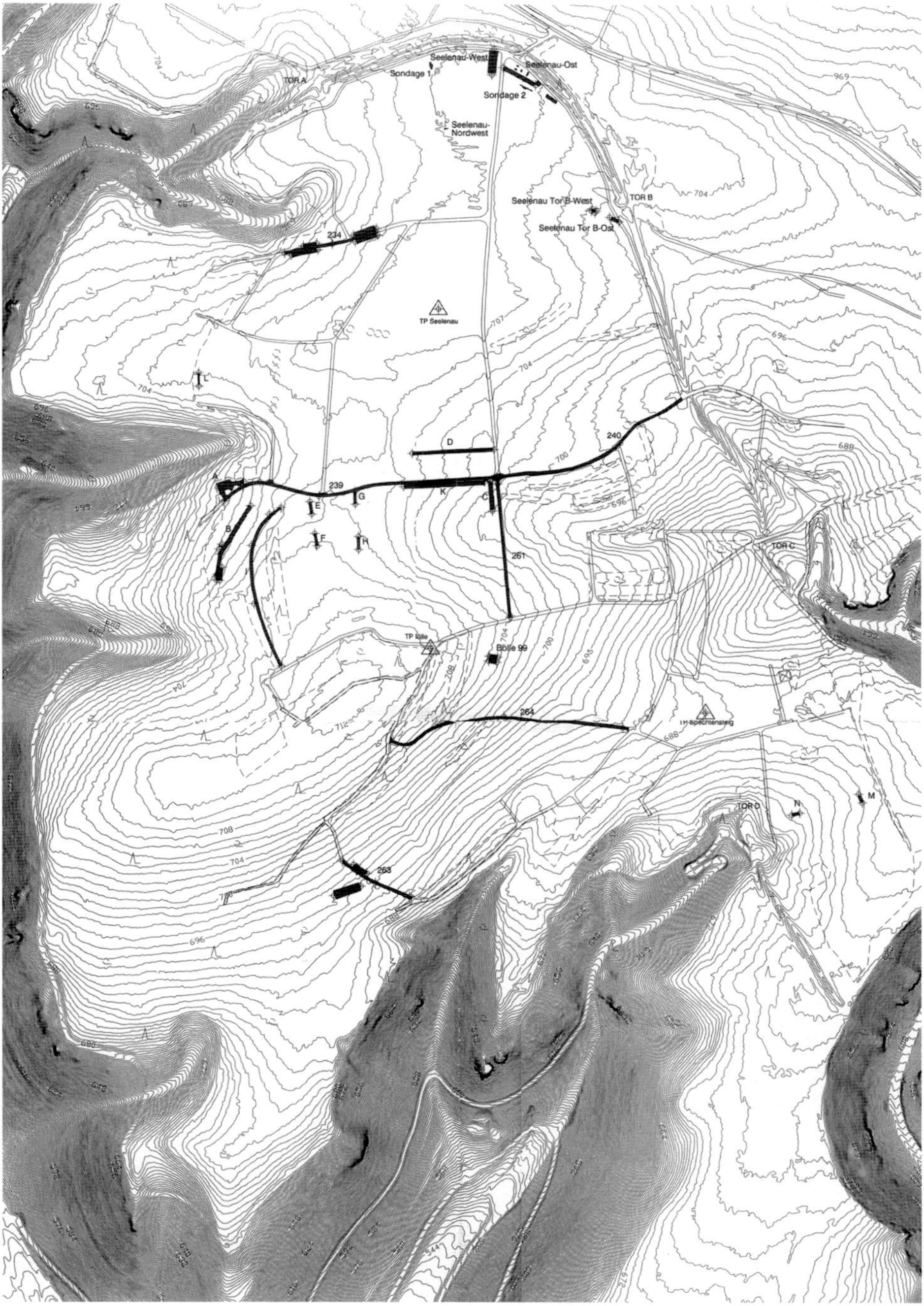
TOR A
Sondage 1
Seelenau-West
Seelenau-Ost
Sondage 2
Seelenau-Nordwest
TOR B
Seelenau Tor B-West
Seelenau Tor B-Ost
234
TP Seelenau
L
D
240
239
A
B
E
G
K
C
F
H
261
TOR C
TP Bölle
Bölle 99
264
TP Spechtensteig
TOR D
N
M
263

ten feststellen, die in Abständen von 1 m von ca. 30 cm breiten Schlitzen der ehemaligen Pfosten unterbrochen wurde. Auch eine Lücke, die von 60 cm über dem Boden horizontal in die Mauerfront eingebauten Balken herrühren sollte, meinte er zu erkennen. Die Mauerfüllung bestand anscheinend aus Lagen von Kalksteinbrocken und Lehm, die Mauerrückseite aus einer Rampe.

5 m vor der Mauerfront war der erste, über 6 m breite Graben angelegt, 7 m weiter ein zweiter von rund 5 m Breite. Ihre Tiefe betrug nur um 1,8 bzw. 1,5 m, wohl weil sie bereits in den anstehenden Kalkstein eingearbeitet werden mussten. Sie dürften wie üblich Erde und Steine für den Wall geliefert haben und scheinen diesen, wenn auch nicht überall gut erkennbar, auf seiner ganzen Länge begleitet zu haben. Nur vor den Toren setzen sie offenbar aus, so sie dort nicht modern verfüllt sind.

Ebenfalls 1906 legte Hertlein die östliche Torwange von Tor A ab der äußeren Mauerecke auf knapp 20 m frei (s. Abb. 50), ohne das Ende der Torgasse zu erreichen, sowie die gegenüberliegende Ecke der westlichen Torwange. Auch hier waren Pfostenschlitzmauern festzustellen, deren Pfosten im Bereich der abgerundet ausgeführten Mauerecken dichter standen. In der nach innen enger werdenden Torgasse endete der gemauerte Teil laut Hertlein nach etwa 18 m und könnte danach aus Holz bestanden haben, vielleicht bereits als Teil eines Torbaus. Die Gesamtlänge der teilweise abgetragenen Toranlage bleibt unsicher, die Länge der Torgasse gab Hertlein mit 20 m an.

Tore B und C

Tor B wurde noch nicht untersucht und ist noch stärker abgetragen als Tor A, scheint diesem aber vergleichbar. Tor C hingegen, von Fischer nicht als reguläres Tor, sondern eher als Wasser-

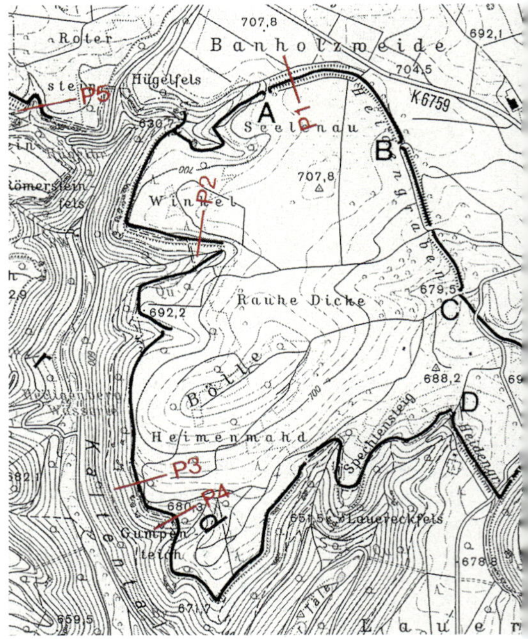

56/57 Aufmessung und Profile (zweifach überhöht) der Befestigungsspuren um die Elsachstadt unter Leitung von Dieter Müller (1998) (zu Profil 1 siehe Abb. 52).

auslass angesprochen (was einer Funktion als Tor nicht widersprechen muss), wurde vom modernen Wegebau arg deformiert. Dennoch scheint erkennbar, dass es nicht dem kanonischen Zangentortypus der Tore A und B (sowie E und F, s. u.) entspricht, sondern an Tor G bei Erkenbrechtsweiler erinnert mit seinen gerundet trichterförmig nach innen biegenden Torwangen (s. Abb. 63). Es wäre dies auch der dem Tor E der Außenbefestigung im Süden von Grabenstetten, und damit dem Weg über die Alb nach Süden, am nächsten gelegene Zugang zur Elsachstadt.

Der Lauereck-Wall

Südlich von Tor C zielt der Elsachstadt-Wall, dabei mit einer Ausbiegung nach Osten einen

Profil 2

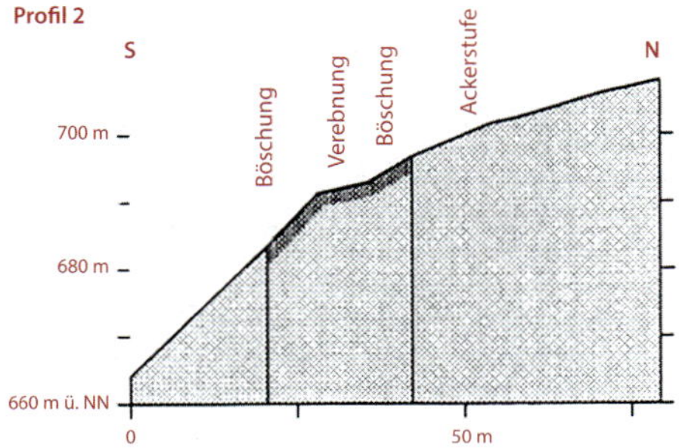

Profil 3

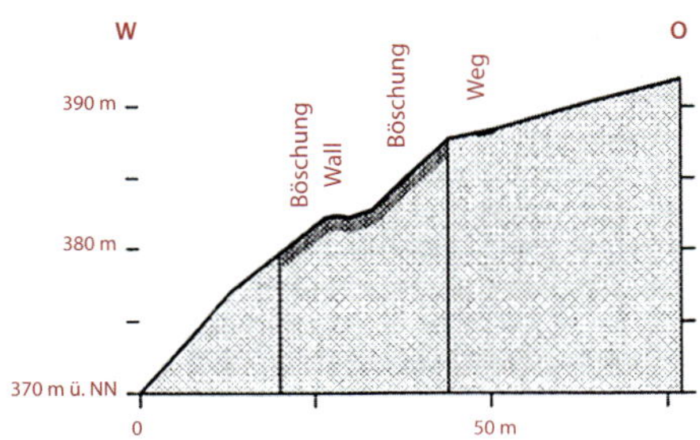

Profil 4

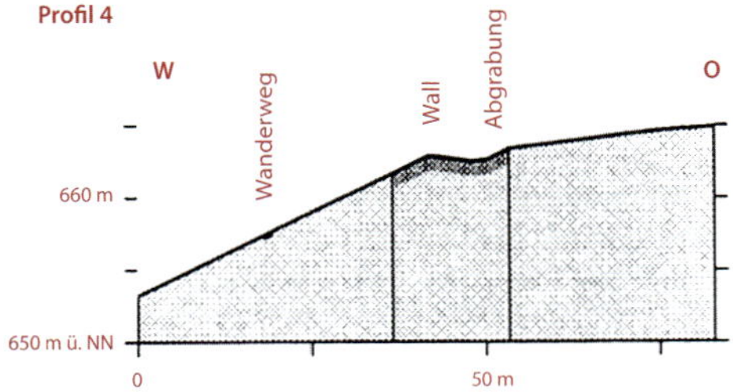

Profil 5

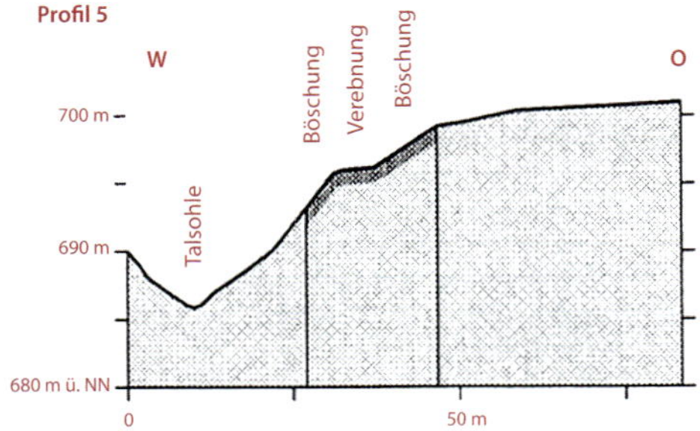

Geländerücken ausnutzend, in südöstlicher Richtung auf die Hangkante des westlichsten Ausläufers der Uracher Steige, die somit den Wall fortsetzt. Allerdings stört hier der moderne Fahrweg den Befund erheblich. Wo der Weg, nach reichlich 100 m gegen Süden abschwenkend, sich vom Talrand löst, ist eine weitere Befestigung des Plateaurandes nicht eindeutig erkennbar. Der Abhang wird allerdings zumindest im südlichen Abschnitt bis zum Ansatz des Lauereckwalles derart steil, dass eine Befestigung hier unnötig erscheint.

Der Lauereck-Wall im Südosten der Elsachstadt ist noch bis etwa 3 m hoch erhalten (s. Abb. 54). Der einst wohl deutlich mehr als 5 m breite und heute wenig über 1 m tiefe Graben liegt wie üblich mehrere Meter vor dem Wall. Der moderne Forstwegebau hat auch hier stellenweise stark eingegriffen, offenbar ohne dass dies für eine Untersuchung hätte genutzt werden können. Vom Steilhang aus läuft der Wall gerade nach Nordwesten zum Tor D, das noch nicht näher erforscht ist. Es wird gebildet von dem nach Nordosten in eine Klinge des Lenninger Täle einbiegenden Ende des Lauereck-Walles, dem im Gegenhang der Klinge der Beginn des Randwalles zum Lenninger Täle gegenüberliegt und mit dem er sich zu einem nur wenige Meter breiten Durchlass verengt. Der einstige Zuweg das Lenninger Täle herauf dürfte mehr oder weniger dem Grund der Klinge gefolgt und vom heutigen, zunächst in zwei Serpentinen zu Tal führenden Forstweg stark gestört sein.

Der Plateaurand über dem Kaltental

Die Befestigungen der Hangkanten zu Uracher Steige, Lenninger Täle und Kaltental bieten ein ganz anderes Bild als die bisher betrachteten Wälle. In keinem Fall erreichen sie auch nur annähernd die beeindruckenden Di-

58 Blick über den Heidengraben und den Burrenhof (Bildmitte) in östlicher Richtung. Im Schnee sind die wiederaufgeschütteten Grabhügel sowie das Zangentor F (rechts der Bildmitte am Weg) gut zu erkennen, ebenso die drei Zweige, in die sich der nordwestliche Ausläufer des Kaltentales (rechts oben) gabelt: zwei vor, d.h. rechts vom Wall, und einer in seinem Rücken (und verdächtig als weiterer Zugang ins Oppidum).

mensionen wie auf der Hochfläche, sondern sind oft kaum mehr wahrnehmbar. Dabei fallen diejenigen Sperren, die als Aufweg geeignete, in die Hochfläche einschneidende Talausläufer oder Klingen abriegeln, noch am ehesten als Wälle ins Auge, weil sie diese Einschnitte queren und von ihrem Scheitelpunkt nach beiden Seiten abfallen, wenn auch bergseitig nur ein kurzes Stück.

In den mehr oder weniger kantenparallel verlaufenden Partien ist hingegen bestenfalls ein etwas überhöhter Plateaurand oder eine meist 1 bis 2 m breite Verebnung zu bemerken, die sich als terrassenartiges Band knapp unterhalb des Plateaurandes hinzieht – vor allem dort, wo dieser nicht als scharfe Kante, sondern sanfter in den Hang übergeht. Auf weite Strecken wirkt dies wie ein Fußweg und ist vermutlich deshalb als solcher in den topographischen Karten 1:25 000 und 1:50 000 eingetragen. Die Gemarkungsgrenze folgt ebenso weithin diesem „Weg", wie in den Karten und anhand von altwürttembergischen Marksteinen mit der Hirschstange im Gelände zu sehen ist. In der Kottmayerschen Karte ist diese Verebnung mit Schraffen markiert, aber weniger augenfällig, kommt jedoch in der ebenfalls in 1 m-Höhenlinien aufgelösten, aber digital erstellten (und besser als Fischers Kartenbeilage gedruckten)

Kartengrundlage bei Th. Knopf deutlich heraus, ebenso in der auf luftgestützten Laserscan-Daten (LIDAR) beruhenden Darstellung (s. Abb. 47).

Befestigt oder nicht?

Die Interpretation dieses Geländebefundes fällt unterschiedlich aus. Fischer wollte nur an besonders gefährdeten Stellen Rand- oder Sperrwälle erkennen und hält den gesamten Westrand der Elsachstadt zum Kaltental hin für ansonsten unbefestigt. Des felsigen Untergrundes wegen konnte er sich auch keine Palisaden, sondern bestenfalls Hecken auf dem Terrassenband vorstellen, das er als wahrscheinlich natürliche Bildung betrachtete.

D. Müller hingegen sieht die Elsachstadt von einem, mit Ausnahme einzelner Stellen, 7,2 km

60 Profilschnitt von 1974 durch den Wall beim Burrenhof, anlässlich einer Neutrassierung der Landstraße. Trotz des schlechten Erhaltungszustandes konnten die trocken gesetzte Pfostenschlitzfront und das Holzgerüst im Inneren eindeutig nachgewiesen werden.

59 Der hier unter den winterlichen Bäumen gut sichtbare westliche Teil des Heidengrabens südlich von Grabenstetten ist wohl der am besten erhaltene und beeindruckendste Abschnitt der gesamten Befestigung. Im Hintergrund die Klinge zur Kleinen Schrecke.

langen geschlossenen Befestigungsring umzogen, über dessen einstige Gestalt entlang der Hangkanten er sich jedoch nicht äußert, mit dem berechtigten Hinweis auf dort fehlende archäologische Untersuchungen (s. Abb. 56/57).

Im Gelände erscheint die Befestigungslinie über den Talhängen weniger geschlossen, als Müllers Kartierung vermuten lässt. Eine natürliche Bildung, wie Fischer meint, mag man aber ebenso wenig annehmen. Ob dies nun jedoch z. B. lediglich ein Postenweg war oder doch die Basis einer Palisade, einer „lebenden Mauer" aus Dornverhau, einer Hecke oder eines Weidezauns, bleibt vorderhand unsicher – und damit auch, ob hier Eindringlinge von außen oder eher Weidetiere auf der Hochfläche von den Steilabhängen abgehalten werden sollten. Hier können nur archäologische und geomorphologische Untersuchungen im Verein mit archivalischen Studien zur mittelalterlichen und neuzeitlichen Nutzung dieser Bereiche verlässlichere Erkenntnisse bringen. Bis dahin muss auch die Datierung dieser Randbefestigung in die Zeit des Oppidum als zwar wahrscheinlich, aber nicht gesichert gelten.

61 Grabung Hertleins von 1906 an der Ostseite von Tor F. Eine schmale, horizontale Lücke in der Mauerfront (hinter dem Arbeiter) könnte nach Hertlein von einem längst vergangenen, liegend verbauten Balken herrühren.

Über dem Ostabhang des Spechtensteigs sieht Fischer, hier Kottmayer folgend, einen von Tor D aus nach Südost reichenden Wallabschnitt, der nach rund 100 m für 90 m aussetzt, um dann wieder die Südspitze und die Westseite des Spechtensteigs einzufassen. Für Fischer ist nun wie erwähnt der gesamte restliche Plateaurand der Elsachstadt zum Westhang des Lenninger Täle und zum Kaltental hin unbefestigt, ausgenommen lediglich zwei Wälle, die den „Gumpenteich" benannten Einschnitt im Süden sowie den nordöstlichsten Ausläufer des Kaltentals abriegeln. Müller stellt diese Wälle ebenfalls fest, muss auch zwei Fehlstellen seiner Randbefestigung beim Spechtensteig zugeben (wovon er offenbar nur eine in dessen westlichem Gegenhang kartiert, s. Abb. 56) und postuliert ansonsten die durchgehend befestigte Hangkante zum Kaltental bis hinauf zu Tor A. Zwei Ausnahmen findet er in der in die Strangenhecke eingreifenden kleineren und in der nördlich benachbarten größeren Klinge zwischen Strangenhecke und Flur „Winkel", wo jeweils die von beiden Seiten hineinziehenden Wälle sich am inneren Ende nicht ganz zusammenschließen und eine Lücke lassen. Eine bisher unbeachtete Abriegelung sieht Müller unter dem Ostrand der Elsachstadt, wo sie den nordwestlichen Abzweig der Uracher Steige zwischen einer vorspringenden Nase im westlichen Talrand und dem Spitzigen Felsle sperrte, heute jedoch nur mehr teilweise in Form einer als Fußpfad verzeichneten Verebnung sichtbar und ansonsten von der Straße nach Grabenstetten überbaut ist. Dieser wäre auch ein vielleicht hier einst vorhandenes Tor zum Opfer gefallen. Eine Sperre an dieser Stelle erscheint

62 Nur im Schnee lässt sich der stark verschleifte mittlere Teil des spätkeltischen Heidengrabens nördlich von Erkenbrechtsweiler (rechts der Bildmitte, aufgenommen noch vor der Teilrekonstruktion von Tor G) so scharf erkennen, während die wohl mittelalterliche Parallelanlage links schon durch ihren Bewuchs und den gut erhaltenen Graben auffällt. Deutlich wird, wie beide Wallanlagen jeweils die Aufstiege von Osten aus dem Lenninger Tal (oben) und von Beuren (unten) ausschließen.

sinnvoll, weil die Hänge des nördlich bzw. hinter ihr liegenden Talausläufers nicht übermäßig steil und jedenfalls nicht unersteigbar sind.

Die äußeren Befestigungen beim Burrenhof

Der Wall beim Burrenhof schließt die durch mehrere Taleinschnitte stärker zergliederte Hülbener Halbinsel vom Oppidum aus. Er überquert die Hochfläche auf 1 km Länge in fast schnurgerader Linie, an einer Engstelle zwischen der Neuffener Steige im Nordwesten und einem Endausläufer der Kaltentales im Südosten, wodurch die zur Erbauungszeit des Walles bereits mehrere Jahrhunderte alten Grabhügel beim Burrenhof – gewollt oder nicht – im Inneren des Oppidum zu liegen kamen.

Das Nordwestende des Walles setzt direkt an einem Knick in der Hangkante des Steilhangs zur Neuffener Steige an und nimmt die Fluchtlinie des Kantenverlaufes auf, sodass der Wall als dessen Fortsetzung erscheint. Der Wallansatz selbst samt vorgelagertem Graben ist heute durch einen modernen Weg zerstört. Eine weitergehende Befestigung nach Norden entlang der Hangkante ist nicht zu erkennen.

Das rund 250 m lange Teilstück bis zum Durchbruch der Landstraße zwischen Hülben bzw. Neuffen und dem Burrenhof verläuft geradlinig, ebenso im Wiesengelände südlich der Straße. Die letzten etwa 140 m bis zur alten

Straße Burrenhof–Hülben, unmittelbar bei Tor F, wurden Ende des 19. Jh. weitgehend eingeebnet, ehe auf energischen Einspruch des Albvereins die weitere Zerstörung verhindert werden konnte.

Die folgenden gut 200 m Wall und Graben verlaufen wiederum gerade, bis auf einen leichten Knick nach Osten etwa in der Mitte dieses Abschnitts. Hier schwenkt der Wall dann ein auf die Fluchtlinie des nordwestlichsten Kaltental-Ausläufers und zielt auf dessen nördliche Hangkante als seiner natürlichen Fortsetzung. Wall und Graben verlaufen zunächst noch auf dem Rücken zwischen dem mittleren und dem nördlichen von drei fast parallelen Ästen, in die sich der Talausläufer am Ende gabelt, und enden zwangsläufig am Ansatz des nördlichen Astes. Ein schmales Terrassenband, wie schon am Westrand der Elsachstadt beobachtet, umzieht und verschließt so den Ansatz dieses Astes in Form eines 40 oder 50 m nach Nordost weisenden Winkels. Er endet schließlich an der besagten Kante des hier äußerst steilen nördlichen Talhanges.

Dieser Nordast wäre als Zugang zum Oppidum vom Kaltental herauf gut vorstellbar, was aber ohne genauere Untersuchung Spekulation bleiben muss.

Der Wall beim Burrenhof konnte 1974 anlässlich von Straßenbauarbeiten beim Durchbruch der Landstraße untersucht werden. Es zeigte sich eine nur noch höchstens zwei bis drei Steinlagen hoch erhaltene Trockenmauerfront mit Pfostenschlitzen in Abständen von jeweils knapp 2 m sowie eine korrespondierende zweite Reihe schwächerer und weniger tief gründender Pfosten in gut 3 m Abstand hinter der Mauerfront im Inneren des Walles. In diese waren, offenbar zur Mauerfront hin ansteigend, je drei übereinanderliegende Ankerbalken pro Frontpfosten eingeklinkt oder verzapft, denn Nägel aus Metall wurden keine gefunden. Die Rückseite wird als Rampe rekonstruiert, die ebenso wie die Wallfüllung aus Lehm und Kalksteinbrocken bestand und wohl eine Lehmüberdeckung erhalten hatte. Gut 5 m vor der Mauer verlief der rund 4 bis 5 m breite, flache Graben, dessen Sohle der anstehende Fels bildete (s. S. 65 Abb. 48).

Tor F

Das Tor F ist die einzige eindeutige Toranlage im Burrenhofwall. Es ist ein „klassisches" Zangentor und wurde von Hertlein 1906 zum Teil untersucht, aber leider nur unzureichend dokumentiert. Die Torgasse ist 35 m lang und war sicher deutlich über 10 m breit, ihre Wände bestanden aus Pfostenschlitzmauern, die jedoch nach etwa 27 m endeten und anscheinend als reiner Holzbau weitergeführt waren. Obwohl nur als Geländeform vorhanden, gehört es zu den besterhaltenen und größten seiner Art und wird mit dem allerdings vollständig und mustergültig ergrabenen Osttor des Oppidum von Manching verglichen.

Letzteres bestand aus einer 12 m × 12 m großen Torgasse sowie einem gleichfalls 12 m langen Torhaus, das nach Aussage der mächtigen Pfosten sicherlich zweistöckig war. Das unter der südlichen Durchfahrt deponierte Skelett eines sechsjährigen Kindes wird als Bauopfer interpretiert. Dieser Befund und zwei Menschenschädel aus dem Torareal vom Osttor von Manching lassen erahnen, wie eng profane und sakrale Aspekte auch beim Bau der Befestigungen für die damaligen Menschen verbunden gewesen sein müssen.

Der Südwall

1 km südlich von Grabenstetten sperrt ein heute aus drei Abschnitten bestehender Wall das Oppidum von der Albhochfläche ab, an ei-

ner Engstelle, wo das Tal der Elsach und das westliche Quelltal der Lauter sich bis auf wenige Hundert Meter annähern. Während der noch bis zu 3 m hohe Mittelabschnitt des insgesamt fast 650 m langen Walles, zwischen dem einzigen Tor E und dem heutigen Straßendurchbruch, in gerader Linie annähernd ostwestlich verläuft, knicken die beiden äußeren Abschnitte jeweils etwas nach Norden ab und folgen in leichtem Bogen dem Nordrand der jeweiligen Talausläufer. Der Ostteil läuft entlang der Hangkante allmählich aus, sein Graben mündet als dessen Verlängerung in den Ausläufer der Kleinen Schrecke. Das Teilstück westlich von Tor E zieht dagegen im Wald – vielleicht die am besten erhaltene Partie des gesamten Heidengrabens – als Wall und Graben beachtlicher Dimension am Nordhang eines mäßig steilen Nebenarmes dem zugehörigen Haupttal entgegen und endet erst über einer Felsnase. Ein ungefähr nordsüdlich dem Talrand folgender Fahrweg durchschlägt den Wall hier kurz vor seinem Ende. Er wurde offenbar vor nicht allzulanger Zeit verbreitert, sodass man im Westprofil des Durchbruchs die Steine der Mauerfront zu erkennen meint. Auch hier wird man demnach wohl eine Pfostenschlitzmauer annehmen dürfen.

Der bislang einzige beobachtete Aufschluss betraf einen Leitungsgraben, der 1989 den Wallgraben durchschnitt und die Aufnahme eines Profils ermöglichte. Darin zeichnete sich ab, dass der mit ursprünglich 9 m bereits recht breite und sicher 2 m, wahrscheinlich sogar über 3 m tiefe Graben später zum Wall hin auf 12 m verbreitert und so die einst hier (wie auch überall sonst an den Heidengrabenwällen) vorhandene Berme abgegraben wurde. Die Vermutung liegt nahe, dass dies bei den hier überlieferten Schanzarbeiten des späten 17. und frühen 18. Jh. geschah.

Das Tor E ist wie der Wall noch nicht untersucht. Die östliche Torwange ist fast ganz abgetragen, die westliche liegt unter Bäumen und ist besser erhalten. Sie lässt noch eine einst rund 20 m lange Torgasse erschließen.

Der Wall durch Grabenstetten

Erst in den Nachkriegsjahren ermöglichten Beobachtungen von H. Schäfer, den Zusammenhang und Zweck von bis dahin scheinbar isolierten Wallresten in Grabenstetten zu verstehen. Sie gehören zu einem Wall, der einen zweiten, gegen Süden gerichteten Sperrriegel hinter dem Südwall bildet. Beim Bau eines Hauses am westlichen Ortsrand, an der Nordseite der oberen Uracher Steige, war 1947 ein rund 4 m langes, bis zu 0,8 m hoch erhaltenes Stück Mauerfront mit drei Pfostenschlitzen zutage gekommen. Diese sowie ältere Beobachtungen einer Pfostenschlitzmauerecke auf dem Bauplatz der Mühle bei der Einmündung der Uracher Steige in die Straße Richtung Burrenhof, im Verein mit Beobachtungen im Gelände und archivalischen Studien zu Flur- und Ortsbezeichnungen ermöglichten es Schäfer, Tor H und den Verlauf des Walles zwischen diesem und der Schlucht bei der Ruine Hofen im Osten von Grabenstetten zu erkennen.

Tor H lag demnach unter der Mühle und der Straße als eine Art schiefes Zangentor, Tor D vergleichbar, im Winkel zwischen der die Nordseite der Uracher Steige befestigenden Mauer und dem etwa in ostnordöstlicher Richtung ziehenden Wall durch Grabenstetten. Die heutige Neuffener Straße verläuft zunächst auf dem Wall bis zur Hahnengasse und weicht dann nach Norden aus, sodass der Wall nun unter den Häusern ihrer Südseite liegt und hinter dem Rathaus wieder sichtbar wird. Östlich der Böhringer Straße ist er ungefähr aus dem Böschungsverlauf südlich des Hofener Wegs

Das Tor G bei Erkenbrechtsweiler

von **Manuel Fernández-Götz**

Das Tor G ist die am besten untersuchte Toranlage des gesamten Heidengrabens. Es wurde 1981 vom damaligen Landesdenkmalamt unter Leitung von J. Biel großflächig ausgegraben und stellt somit das einzige modern untersuchte Tor des Oppidums dar. Die Aufarbeitung und ausführliche Publikation dieses spätlatènezeitlichen Zugangs übernahm I. Balzer im Rahmen einer Tübinger Magisterarbeit, die 1998 erschien. Die Anlage wurde nach der Grabung teilweise wieder rekonstruiert und ist heute im Gelände zu besichtigen.

Das Tor orientiert sich eindeutig auf einen alten, noch heute benutzten Albaufstieg. Es liegt nicht auf dem höchsten Punkt, aber am strategisch günstigsten. Das Bauprinzip entspricht dem Typus der trichterförmigen Zangentore; vergleichbare Anlagen existieren z. B. in den tschechischen Oppida von Hrazany und Závist. Beim Heidengraben verengen sich die trichterförmig nach innen ziehenden Torwangen von anfänglich 20 m nach 15 m auf zwei nur 3 m breite Durchfahrten. In der Tat besaß das Torhaus zwei Durchfahrten, das Gebäude selbst stand auf sechs mächtigen Pfosten, deren Gruben in den Fels gehauen waren. Wie I. Balzer zeigen konnte, erfolgte die Vorplanung von Tor G mit den geometrischen Mitteln Linie und Kreis.

Westlich und östlich des Tores, auf der äußeren Seite, entdeckte man zwei Gruben. Während eine von ihnen nur wenige Funde barg und wahrscheinlich als flache Materialgrube diente, enthielt die andere 10 kg römische Keramik, 2 kg Schlacke, 0,6 kg Knochen sowie Eisen- und Bronzefragmente. Dass der alte Tordurchgang auch nach dem Verfall der spätlatènezeitlichen Befestigung weiterhin benutzt wurde, belegen vor allem zwei spätere Straßenschotterungen und zahlreiche römische Schuhnägel.

abzulesen, wechselt etwa auf Höhe der Gartenstraße die Seite und wird gelegentlich als Böschung nördlich der Straße sichtbar. Er nutzt dabei den Nordhang der der Hofener Schlucht zustrebenden Senke. Auf den letzten rund 70 m zieht er als offenbar intakter Randwall unter Bäumen am Nordrand der Hofener Schlucht hin und endet über ihrem ersten jähen Absturz.

Der spätkeltische Wall bei Erkenbrechtsweiler

Die rund 55 ha große Berghalbinsel im Norden von Erkenbrechtsweiler mit den Gewannnamen Auf der Burg, Burgwald und Burghörnle wird heute meist Bassgeige genannt, was jedoch eigentlich nur ihren Nordabhang bezeichnet. Sie wird gleich durch zwei als Heidengraben bezeichnete Sperrwerke abgeriegelt, deren nördliches, gegen Süden gerichtetes jedoch wohl jüngeren Datums ist (s. S. 122 f.). Der südlichere, rund 350 m lange Wall mit dem Tor G ist das nach dem Wall durch Grabenstetten am schlechtesten erhaltene, aber am besten erforschte Teilstück der spätkeltischen Wallanlage. Das westliche Ende dieses Wallabschnitts konnte 1976 anlässlich von Straßenbauarbeiten untersucht werden. Hier bestand eine gegen Norden gerichtete Pfostenschlitzmauer mit Rampe. Vor der Front verlief ein etwa 6 m breiter, flach in den anstehenden Fels eingearbeiteter Sohlgraben, der beim Tor G jedoch zu fehlen scheint. Mehr als ein Jahrtausend später, irgendwann im Mittelalter, wurde der Wall wohl noch einmal reaktiviert, diesmal jedoch gegen Süden gerichtet.

Ackerbauern, Bronzegießer und Viehzüchter – Landwirtschaft und Handwerk in spätkeltischer Zeit

Die ökonomische Grundlage des spätkeltischen Oppidums Heidengraben bildete, wie in den meisten sesshaften ur- und frühgeschichtlichen Gesellschaften, die Agrarwirtschaft, die neben einem ausgeprägten Ackerbau auch eine spezialisierte Vieh- und Nutztierhaltung umfasste. Die daraus hervorgehenden lokal hergestellten Nahrungsmittel und Produkte dienten in erster Linie zur Versorgung der ortsansässigen Bevölkerung, aber wohl auch dem regionalen und überregionalen Handel.

Der Zugriff auf nutzbares Ackerland und die problemlose Möglichkeit der Bewirtschaftung dieser Flächen stellt die Voraussetzung für eine effiziente Agrarökonomie dar. Gerade unter diesem Aspekt weist das Gebiet um den Heidengraben zahlreiche Vorzüge auf.

Vor allem die ausgedehnten fruchtbaren Böden und die für den Ackerbau auf der Schwäbischen Alb verhältnismäßig günstigen klimatischen Bedingungen wirkten sich hier ausgesprochen vorteilhaft aus. So konnten allein schon 800 ha der qualitätvollen Böden im Schutz der Wallanlagen innerhalb des Oppidums selbst bestellt werden. Weitere 1200 ha fruchtbaren Ackerlands standen darüber hinaus im unmittelbaren Vorfeld der Großsiedlung zur Verfügung (Abb. 8). Dort dürften sich in spätkeltischer Zeit wohl ebenfalls landwirtschaftliche

64 Bruchstück eines spätkeltischen Drehmühlsteins aus der Elsachstadt.

65 Keramikgefäß der jüngeren Latènezeit mit Kammstrichverzierung aus der Elsachstadt.

Siedlungseinheiten und Gehöftgruppen befunden haben, die das Oppidum zusätzlich mit Getreide und Nahrungsmitteln versorgten. Eine hier ansässige Bevölkerung hätte im Fall einer kriegerischen Bedrohung die schützenden Mauern der Hauptsiedlung rasch erreichen können.

Insgesamt betrachtet zeigt sich die Landwirtschaft in spätkeltischer Zeit bereits weit entwickelt. Nicht nur die Auswahl an Getreidearten, sondern auch die Möglichkeit, große Mengen des Ernteguts schnell und effizient zu verarbeiten, zeugen von einem ausgereiften Agrarsystem. Diese Entwicklung beginnt bereits in der frühen und mittleren Latènezeit und zeigt sich anhand zahlreicher technischer Innovationen. Neben einer Vielfalt an eisernem Gerät, das zur Bestellung der Äcker und zur Ernte diente, sind es die nun verfügbaren Drehmühlen, die die Weiterverarbeitung des Getreides erheblich begünstigen.

Auch am Heidengraben belegt die stetig steigende Zahl an Funden solcher Drehmühlen ihre Bedeutung für die spätkeltische Landwirtschaft (Abb. 64). Mit ihnen wurde das Getreide, vor allem Gerste, gemahlen. An weiteren Feldfrüchten konnten in größerem Umfang Dinkel, aber auch Roggen, Emmer, Hafer, Einkorn und Weizen nachgewiesen werden.

Viehwirtschaft bedeutete vor allem Rinderhaltung, wie der große Anteil an entsprechenden Knochen zeigt. Dies ist in spätkeltischer Zeit auch für den gallischen Raum belegt. Dabei lagen die Vorteile der Rinder vor allem darin, dass nicht nur Fleisch, sondern auch Milch- und Milchprodukte gewonnen werden konnten. Zudem ließ sich die Haut dieser Tiere zu Leder und Fellen verarbeiten.

Wichtig war auch die Arbeitskraft der Ochsen, die bei der Bestellung der Felder vonnöten war. Ebenso darf der Gewinnung von Dung eine nicht

66 Halbfabrikat einer spätlatènezeitlichen Bronzefibel vom Nauheimer Typ aus der Elsachstadt.

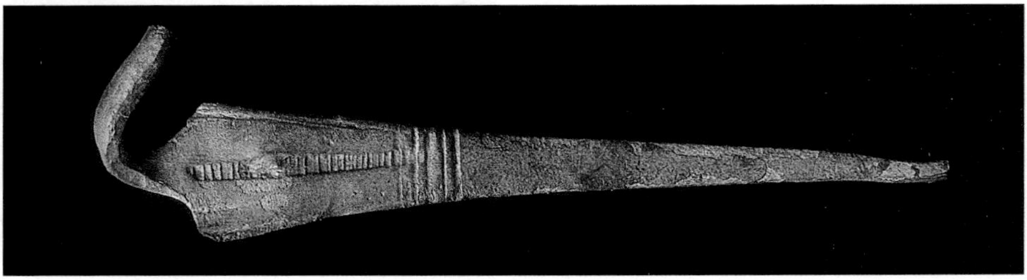

67 Eiserne Tüllenbeile der jüngeren Latènezeit aus dem Oppidum Heidengraben.

unerhebliche Bedeutung zugemessen werden. Sie gewährleistete eine nachhaltige Versorgung der Ackerflächen mit Mineralstoffen und wirkte der Auslaugung der Böden entgegen.

Neben den Rindern spielten Schweine eine Rolle bei der Nutztierhaltung der Kelten. Dies zeigen auch die Schweineknochen aus dem Fundspektrum des Heidengrabens. Die Schweinemast und eine damit eventuell verbundene Herstellung von Rauch- oder Pökelfleisch (s. S. 90) waren demnach ebenfalls Bestandteil des agrarwirtschaftlichen Gefüges.

Obwohl der Anteil an Skelettresten von Schaf und Ziege relativ gering ist, muss diesen Tieren als Lieferanten von Wolle und Fellen dennoch ein gewisse Beachtung beigemessen werden. Bis heute zeigt sich die Schwäbische Alb als ideales Terrain zur Schafhaltung. Dies dürfte in prähistorischer Zeit wohl nicht anders gewesen sein.

Zwar fehlen vom Heidengraben unmittelbare Belege für die Weiterverarbeitung von Wolle und die Herstellung von Textilien, doch darf diese Tätigkeit für jede größere Siedlung der jüngeren Latènezeit angenommen werden. In welchem Umfang sie am Heidengraben betrieben wurde, lässt sich heute nicht mehr sagen. Es ist aber durchaus möglich, dass hier ein Produkt hergestellt wurde, das auch für den Handel über weitere Distanzen vorgesehen war (s. S. 90).

Das Spinnen und Weben leitet über zu den weiteren handwerklichen Tätigkeiten. Vor allem die neueren Grabungen und Begehungen seit den 1990er-Jahren haben am Heidengraben für die späte Latènezeit eine stattliche Zahl an Funden erbracht. An erster Stelle steht, wie zu erwarten, die Keramik, bei der, trotz eines gegenüber der frühen Eisenzeit deutlich größeren Anteils scheibengedrehter Gefäße, die handgemachte und somit wohl im Hauswerk entstandene Ware das Übergewicht hält. Während diese ohne Weiteres im offenen Feld- oder

Hier geht's rund – die keltische Handdrehmühle

von Christel Bock und Achim Lehmkuhl

Die keltische Handdrehmühle besteht aus zwei aufeinanderliegenden runden Steinen. Die Oberseite des liegenden Steins ist ringsum schräg nach außen abgearbeitet. An diese Neigung passt sich die Unterseite des oberen Läufers an. Verbunden sind beide Teile durch einen Holzzapfen, der in einer Eintiefung in der Mitte des Liegersteins steckt und als Achse durch ein ovales Loch in der Mitte des Läufers führt. Dieser hat auf der Außenseite ein rundes Loch zur Befestigung einer Handhabe zum Drehen. Seine Oberseite ist trichterartig eingetieft, damit das Getreide beim Drehen zur Mitte hin und durch das ovale Loch am runden Zapfen vorbeirutscht. Zwischen dem sich drehenden Läufer- und dem feststehenden Liegerstein wird es zermahlen

68 Rund 30 kg schwerer Oberlieger-Stein einer Drehmühle mit einem Durchmesser von ca. 36 cm.

69 Rekonstruktion einer keltischen Handmühle.

und entlang der Neigung nach außen transportiert, wo es als Mehl zwischen den beiden Steinen herausrieselt.

In der Elsachstadt hat man im Lauf der Jahre mehrere Hundert Fragmente entsprechender Steine gefunden, insgesamt stammen sie von mindestens einem Dutzend Drehmühlen. Der ungewöhnliche rote Stein, aus dem die Mühlen gefertigt sind, kommt auf der Schwäbischen Alb nicht vor. Es handelt sich um eine raue Brekzie aus Porphyrtuff und Quarz. Das für Mühlsteine besonders gut geeignete Material konnte im südlichen Odenwald lokalisiert werden, wo es im Mittleren Rotliegenden am Rand einer vulkanischen Gesteinsserie, dem Dossenheimer Quarzporphyr, entstand.

Aufgrund von weiteren in zeitgleichen Viereckschanzen in der Gegend um Heidelberg und Heilbronn entdeckten Drehmühlsteinen, mit vergleichbaren Maßen und aus demselben Material, ist eine Art industrielle Produktion anzunehmen. Entlang des Neckars kann der Handelsweg vom Ursprungsort bei Dossenheim bis zum Heidengraben nachvollzogen werden.

70 Bruchstücke von Glasarmringen der jüngeren Latènezeit, die wohl am Heidengraben hergestellt wurden.

Grubenbrand hergestellt werden konnte (der kaum besondere Spuren hinterlässt), sind für die feinere und härter gebrannte Drehscheibenware Brennöfen anzunehmen. Zwar gibt es bisher keine Belege, doch könnten sie durchaus an anderer Stelle in der Umgebung gestanden haben, wo guter Ton und Wasser günstiger erreichbar waren als auf der Hochfläche.

Unabdingbar waren Brennöfen auch für die Herstellung der vor allem für die Oppida typischen Graphittonkeramik, da bei unkontrollierter Sauerstoffzufuhr der Graphit verbrennt. Dieser wertvolle Zuschlagstoff macht die Keramik wasserabweisend und hitzefest, bei gleichzeitig besserer Wärmeleitung. Daher wurden solche Gefäße hauptsächlich als Kochtöpfe genutzt. Die damals bekannten Graphitvorkommen lagen bei Passau, in Böhmen, in der Slowakei und in Österreich. Zum Heidengraben kamen aber anscheinend keine großen Mengen, da hier nur verhältnismäßig wenige mit Graphit gemagerte Scherben vorliegen.

Das Halbfabrikat einer Knochennadel sowie eine kurze, mit Kreisaugen verzierte Röhre aus Knochen, die wohl Teil eines ganz ähnlich aus Manching bekannten Kästchenscharniers war, reichen nicht aus, eine über den häuslichen Rahmen hinausgehende Knochenschnitzerei anzunehmen.

Ein ganz anderes Bild zeigen demgegenüber die Metallfunde der jüngeren Latènezeit, die genauere Rückschlüsse auf handwerkliche Tätigkeiten innerhalb des Oppidums ermöglichen. Unter ihnen ist das Halbfabrikat einer „Nauheimer Fibel“ hervorzuheben, bei der es sich um eine zeittypische Gewandschließe handelt (Abb. 66). Das nicht ganz fertig gestellte Stück belegt die Herstellung von Fibeln vor Ort. Ebenso

71 Der in der Gegend von Urach gefundene Achsnagel stammt möglicherweise vom Heidengraben. Auf den eisernen Schaft ist ein Bronzekopf aufgegossen, der eine dämonische Gestalt mit strähnig zurückgekämmtem Haar zeigt, 2./1. Jh. v. Chr.

verweisen aufbewahrte Rest- und Altstücke auf eine Wiederverwendung von Bronze. Daher darf auch ohne den Nachweis von Gusstiegelfragmenten oder Ähnlichem die Verarbeitung von Buntmetall innerhalb des Oppidums bzw. der Elsachstadt mit Sicherheit angenommen werden.

Ähnliches gilt für die Bearbeitung von Eisen. Schmiedeschlacken, Rest- und Bruchstücke verschiedener Eisenobjekte sowie ein breites Spektrum an zum Teil nur halbfertigen oder schwer bestimmbaren Gegenständen zeigen, dass der Gebrauch und die Wiederverwendung von Eisen alltäglich war.

Unter den nicht mehr brauchbaren Eisenfragmenten fanden sich innerhalb der Elsachstadt auch vereinzelte Waffenteile, darunter mehrere Bruchstücke von Schwertklingen und -scheiden, ein möglicher Lanzenschuh, eine Schildfessel sowie ein bronzeplattierter Schildnagel. Ob auch sie für eine profane Wiederverwertung bestimmt waren oder, wie andernorts verschiedentlich belegt, rituell zerstört und unbrauchbar gemacht wurden, ist vorerst nicht zu sagen. Grad und Art dieser Beschädigungen schließen aber praktisch aus, dass es sich hierbei um Kampfspuren handelt.

Zum üblichen Inventar von Haus und Hof gehörten sicherlich diverse Nägel, Klammern, Beschlagteile, Kettenglieder, Teile von Federschlössern und Hakenschlüsseln, die wohl vor Ort gefertigt wurden. Gleiches gilt für die Klingen der Tüllenbeile, die zwischenzeitlich in durchaus nennenswertem Umfang nachgewiesen sind.

72 Der rechteckige Kopf des eisernen Achsnagels ist mit Bronze übergossen und plastisch verziert. Eine dreidimensionale Spirale wird von zwei seitwärts blickenden Masken flankiert. Aus der Erms bei Urach, 4.–3. Jh. v. Chr.

Achsnägel – magisch und praktisch

von **Andreas Willmy**

Technisch anspruchsvoll ist die Herstellung der Achsnägel oder Radnabenstifte aus Eisen und Bronze, von denen drei vom Heidengraben und aus der Umgebung stammen. Ihre Unheil abwehrende Aufgabe lag wahrscheinlich auf zweierlei Ebenen: der technischen, dem eisernen Stift obliegenden, das Rad sicher auf der Achse zu halten, und der magischen, übernatürliche Übel abzuhalten. Die wohl eben dafür kunstvoll gestalteten Köpfe bestehen aus Bronze, mit der das Eisen überfangen wurde. Für einen solchen Überfangguss ragte das Ende des eisernen Nagels in die Gussform hinein, um so in den Kopf aus Bronze mit eingegossen zu werden. Bei dem Achsnagel in Form einer menschlichen Büste, der das Signet des keltischen Heidengrabens bildet, ist auch das untere Ende mit Bronze überfangen.

Trotz der zahlreichen Belege für eine Eisenverarbeitung liegen bislang keine Nachweise einer spätkeltischen Eisenverhüttung vor. Es ist in diesem Zusammenhang sogar davon auszugehen, dass es während der gesamten jüngeren Latènezeit nirgendwo auf der mittleren Alb zu einer Verhüttung der lokal anstehenden Bohnerze kam. Dies legen zumindest die neuesten Untersuchungsergebnisse zur Eisenverhüttung in Südwestdeutschland nahe. Von dem Gedanken an eine Gründung des Oppidums Heidengraben auf der Basis lokaler Eisenerzvorkommen muss daher unzweifelhaft Abstand genommen werden.

Größere Bedeutung darf dagegen wohl der Herstellung von Glasobjekten wie Armreifen oder Ringperlen beigemessen werden. So ist die Zahl an jüngerlatènezeitlichen Glasfunden vom Heidengraben im Vergleich zu anderen Fundstellen außerordentlich hoch. Die häufigste Farbe ist bei den Armringen Purpur, gefolgt von Blau, zum Teil mit gelber Fadenauflage. Auch bernsteinfarbene und farblose Stücke, hinterlegt mit gelber Folie, kommen vor. Diese Farben begegnen auch bei den Perlen, die mit weißen oder gelben Bändern, Gittermustern oder Zickzacklinien verziert sein können. Einige angeschmolzene und vielleicht missglückte Stücke sowie das beinahe oder gänzlich auf den Heidengraben beschränkte Auftreten einiger Farb- und Formvarianten lassen eine Produktion am Ort vermuten. Dies legen auch die bei gezielten Analysen im Boden festgestellten, lokal erhöhten Werte von färbenden Schwermetallen wie Kobalt, Chrom, Nickel und Mangan

73 Der 2003 auf dem Heidengraben geborgene Achsnagel stammt aus der Elsachstadt. Der auf dem eisernen Schaft aufsitzende Bronzekopf zeigt eine ornamentale Verzierung, 2./1. Jh. v. Chr.

nahe. Das für die Herstellung der Armringe und Perlen verwendete Rohglas dürfte, wie auch in Manching, aus dem östlichen Mittelmeer eingeführt worden sein.

Insgesamt betrachtet gewinnt man den Eindruck eines Siedlungsplatzes mit einem breiten Spektrum an handwerklichen Tätigkeiten. Dennoch kann im Fall des Heidengrabens, abgesehen von einer eventuell spezialisierten Herstellung von Glasobjekten, angesichts der bislang geborgenen Funde, nicht von einem ausgeprägten Produktions- und Handwerkszentrum gesprochen werden. Vielmehr verharrte das Oppidum im Rahmen seiner Produktivität wohl auf dem Niveau einer landwirtschaftlichen Großsiedlung. Dies spiegelt sich auch in seiner Besiedlungsstruktur wider (s. S. 98 ff.).

Amphoren, Zölle, Wegerecht – Handel und Verkehr um den Heidengraben

Hinsichtlich seiner ökonomischen Bedeutung als Großsiedlung und Zentralort muss der Heidengraben als wichtiger Handels-, Markt- und Umschlagplatz betrachtet werden. Gleich einem Brückenkopf verbindet das Oppidum am Rand der Schwäbischen Alb die nach Osten und Südosten anschließende Hochfläche mit dem im Westen gelegenen Vorland und dem Neckartal. Lokale und regionale Produkte wurden hier wohl in größerem Umfang verhandelt und teilweise auch für den weiteren Transport vorbereitet.

Durch seine Lage auf einer leicht zu befestigenden Berghalbinsel und einer damit verbundenen territorialen Dominanz kontrollierte der Heidengraben aber nicht nur das weithin einsehbare Neckarland, sondern auch zwei wichtige Wegstrecken bzw. Aufstiege auf die Schwäbische Alb. Dabei handelt es sich um die südlich

74 Aus importiertem Rohglas hergestellte Ringperlen der jüngeren Latènezeit.

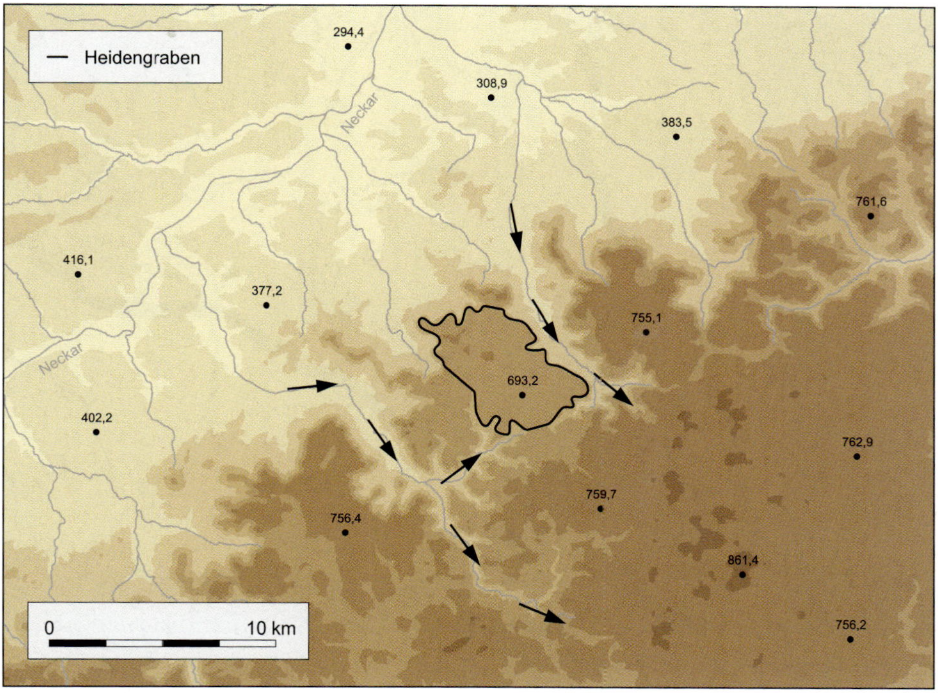

75 Höhenmodell der Vorderen Alb und des Albvorlands mit lokalen Wegverbindungen zwischen Neckar und Schwäbischer Alb.

vorbeiführende Route durch das Erms- und Seeburger Tal, von der aus auch ein Abzweig durch das Tal der Elsach unmittelbar zum Oppidum führte. Sehr viel relevanter scheint jedoch der Weg entlang der nördlichen Flanke durch das Lenninger Tal, über den auch in römischer Zeit die wichtige Verbindung zwischen Köngen-Grinario und dem Kastell Donnstetten verlief.

Seine eigentliche Bedeutung offenbart der Heidengraben aber erst im Zusammenhang mit dem Fernhandel. Über Neckar und Rhein erschloss sich ein Gebiet, das weit über Süd-westdeutschland hinausreichte. Zeugnis enger Verbindungen bis in den mediterranen Raum legen dabei unter anderem zahllose Fragmente italischer Amphoren ab.

Obwohl bislang nur ein verschwindend geringer Teil des Oppidums systematisch ausgegraben und untersucht ist (weit weniger als 1 %), weist der Heidengraben bereits heute das mit Abstand größte Aufkommen an Amphoren unter allen Fundplätzen Süddeutschlands auf. Rund 130 Amphorenrandstücke belegen, dass einstmals mindestens 2600 Liter italischen Weins in das Oppidum am Rand der Schwäbischen Alb gelangten (s. S. 91 ff.).

Der Konsum von Wein ist, wie zahlreiche antike Schriftquellen und archäologische Funde belegen, stark an eine soziale Oberschicht bzw. den keltischen Adel gebunden, der wohl auch

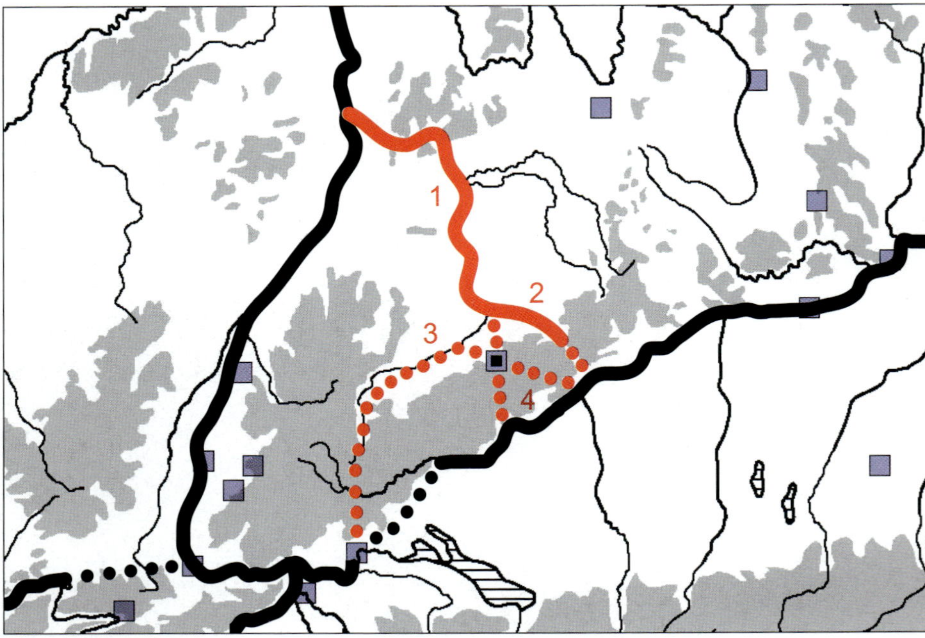

76 Verkehrswege durch das spätkeltische Süddeutschland. Durchgezogene Linien: Flusstransport. Punkte: Landtransport. Quadrate: Oppida und größere Siedlungen. Gefülltes Quadrat: Heidengraben. 1 Unterer Neckar. 2 Filstal. 3 Oberer Neckar. 4 Wege über die Schwäbische Alb.

über entsprechende Wegerechte und die Einnahme von Zöllen verfügte. Gerade dieser Faktor könnte im Fall des Heidengrabens eine bedeutende Rolle gespielt haben.

Über die beiden zuvor genannten Routen konnte die Verbindung zwischen dem Neckar und der Schwäbischen Alb und damit auch in Richtung Donau sowie den weiter östlich gelegenen Regionen problemlos kontrolliert werden. Eine Umleitung großer Teile der auf diesen Wegen transportierten Waren durch das befestigte Areal des Oppidums ist mehr als wahrscheinlich.

Dem Heidengraben darf wohl aber nicht nur die Verfügbarkeit über die unmittelbar benachbarten Albaufstiege durch das Lenninger Tal und das Ermstal zugebilligt werden, sondern auch die Kontrolle weiterer wichtiger Fernhandelsrouten Südwestdeutschlands. Eine dieser Routen führte sehr wahrscheinlich ca. 15 km nördlich des Heidengrabens durch das Filstal und verband den Neckar mit der Donau. Der Aufstieg auf die Schwäbische Alb ist hier, im Bereich der „Geislinger Steige", mit einem Höhenunterschied von rund 70 m relativ einfach zu bewerkstelligen.

Auch in römischer Zeit kam diesem Weg eine ganz entscheidende Bedeutung zu. So führte von Mainz aus die „Rhein-Donau-Straße" über Cannstatt und das Filstal nach Faimingen an der Donau. Darüber hinaus verlief im Mittelalter, genau auf dieser Strecke, nicht nur ein wichtiger Abschnitt der „Salzstraße", sondern auch ein großer Teil der „Frankfurter Straße", die die Niederlande mit Italien verband. Bis heute hat diese nahezu direkte Verbindung zwischen Neckar und Donau nur relativ wenig an Bedeutung verloren. Dies zeigt sich unter anderem daran, dass auch das Schienennetz der Bahn hier den Aufstieg auf die Schwäbische Alb meistert.

In eine ganz andere geographische Richtung deutet die Verbreitung verschiedener Münzen aus spätkeltischer Zeit. Demnach führte eine weitere wichtige Wegverbindung von der Schweiz aus kommend über Basel oder das Oppidum Altenburg-Rheinau sowie Hüfingen und die Region um Rottweil an den oberen Neckar. Von dort aus ging der Weg dann über Land und, wohl zum Teil auch zu Wasser, neckarabwärts weiter. In der Nähe des Heidengrabens dürften die transportierten Waren dann für den Aufstieg auf die Schwäbische Alb umgeladen worden sein.

77 Spätkeltische Riemenzunge aus Bronze, die wohl als Import aus dem böhmischen Raum an den Heidengraben kam.

Damit offenbart sich ein komplexes Gefüge an Handelsverbindungen um das spätkeltische Oppidum Heidengraben. Ihm oblag in diesem Netz an Wegen wohl die Steuerung und Lenkung des Warenverkehrs. So gelangten nicht nur die bereits zuvor beschriebenen Amphoren, sondern auch verschiedene weitere Fernhandelsgüter und Luxusartikel auf die Schwäbische Alb.

Zu diesen importierten Artikeln gehören unter anderem auch Fragmente von bronzenem Trinkgeschirr aus dem Mittelmeerraum, auf dessen Vorkommen bereits Franz Fischer hinweist. Zwischenzeitlich ist solches Trinkgeschirr nun auch in Form der Henkelattasche einer Kanne vom Typ „Kappel-Kelheim" belegt (s. S. 93). Diese vor allem zum Konsum von Wein verwendeten Luxusartikel kamen wohl im Zuge des Amphorenimports aus dem italischen Raum zum Heidengraben und unterstreichen erneut die Anwesenheit einer sozialen Oberschicht.

Zeugnis weit reichender Verbindungen legt darüber hinaus eine bereits von Rolf Nierhaus veröffentlichte Riemenzunge ab, die wohl aus dem böhmischen Raum stammt. In die gleiche geographische Richtung deutet der Import von Rohglas, das sehr wahrscheinlich ebenfalls von Osten her, über die Donau, den Weg an den Heidengraben fand. Endgültige Ergebnisse liegen noch nicht vor, doch zeichnet sich eine Einfuhr dieses Rohstoffs, vom Mittelmeer aus kommend, entlang der Donau ab. Eine wichtige Rolle dürfte dabei die Verbindung zum Oppidum von Manching in Bayern gespielt haben. Sicher ist, dass der Heidengraben als Produktions- und Distributionsort von Glasobjekten für den Neckarraum und die Schwäbische Alb eine besondere Stellung einnahm.

Über die beschriebenen Handelsrouten wurden aber nicht nur importierte Luxusgüter oder Rohstoffe, sondern auch lokal und regional hergestellte Produkte transportiert. Zu denken ist an Textilien, Felle oder haltbar gemachte Nahrungsmittel, die eventuell sogar ihren Weg bis in den Raum südlich der Alpen fanden. So berichtet beispielsweise Strabon für die augusteische Zeit, dass Wollmäntel und Pökelfleisch aus dem gallischen Raum nach Rom und Italien exportiert wurden.

Archäologisch lässt sich dies heute nur noch schwer nachweisen. So sind vom Heidengraben auch nur wenige Reste jüngerlatènezeitlicher Behältnisse für Salz, so genannte Briquetagen, bekannt geworden, die einen eventuellen Handel mit Salz oder auch mit Pökelfleisch belegen könnten. In der Vergangenheit wurde jedoch schon mehrfach auf die so genannte Kammstrich-Grübchen-Keramik hingewiesen, die sich als Behältnis für gepökeltes Fleisch sehr gut eignen würde. Diese nahezu ausschließlich auf der Schwäbischen Alb und im Albvorland hergestellte, handgemachte Ware, findet sich immer wieder auch an weiter entfernten Orten wie beispielsweise in Hessen oder Bayern. Da die recht grobe Keramik selbst als Exportartikel aber eher nicht in Frage kommt, könnte hier ein entsprechender Inhalt verhandelt worden sein.

An weiteren Produkten und Stoffen, die von antiken Autoren als Handels- und Tauschgüter der Kelten aufgeführt werden, sind Flachs, Harz, Pech, Wolle, Wachs, Honig und Käse zu nennen. Doch auch sie lassen sich heute im archäologischen Befund nicht mehr nachweisen. Gleiches gilt für den Handel mit Sklaven, der vor allem im Zusammenhang mit dem Import von Wein immer wieder thematisiert wird. Der Fund einer jüngerlatènezeitlichen Handfessel aus der Siedlung Basel „Gasfabrik“, die als zentraler Umschlagplatz für Wein und Amphoren gelten kann, lässt jedoch erahnen, dass auch hier ein Stück Realität beschrieben sein könnte.

Für den Transport all dieser Waren spielte in prähistorischer Zeit die Verschiffung über Wasser eine wichtige Rolle. Auf diese Weise konnten zahlreiche Kosten und Mühen vermieden werden, die bei einem Weg über Land entstanden. Einen entsprechenden Hinweis liefert das Preisedikt des Kaisers Diokletian aus dem Jahr 301 n. Chr. Ihm zufolge war der Transport über Land sechs bis sieben Mal so teuer wie das Verschiffen der gleichen Menge an Waren auf einem Fluss.

Gerade deshalb muss die Anbindung des Heidengrabens an den Neckar, der im Bereich des Oppidums der Schwäbischen Alb recht nahe kommt, noch einmal hervorgehoben werden. Vor allem der Transport sehr schwerer Objekte und Güter, wie der rund 40 bis 45 kg schweren Amphoren, war so sehr viel einfacher. Gleiches gilt für die ca. 50 bis 60 kg wiegenden Drehmühlen, die im Bereich von Dossenheim im Odenwald hergestellt wurden und über den Flusslauf des Neckars den Weg zum Heidengraben fanden (s. S. 82).

Als Zahlungsmittel sind Münzen nachgewiesen, die nicht nur vom Heidengraben, sondern auch aus seiner Umgebung bekannt geworden sind (s. S. 94 ff.). Das alltägliche Geschäft dürfte jedoch durch den unmittelbaren Tausch von Waren abgewickelt worden sein. Interessant ist in diesem Zusammenhang der Fund einer Waage mit Laufgewicht aus der Elsachstadt (s. S. 97). Ob sie beim Tausch von Lebensmitteln und sonstigen Gütern oder im Fernhandel zum Einsatz kam, lässt sich heute nicht mehr sagen. Sicher ist jedoch, dass dieses außergewöhnliche Stück für die Bedeutung des Heidengrabens als Markt-, Umschlag- und Handelsplatz spricht.

Zusammenfassend lässt sich somit festhalten, dass dem Heidengraben – trotz des recht lückenhaften Fund- und Befundbildes, das wir heute kennen – neben seiner Funktion als Marktplatz für den lokalen Handel mit Lebensmitteln und Vieh wohl auch im Kontext der Fernkontakte eine ganz besondere Bedeutung beigemessen werden darf. So steuerte das Oppidum sehr wahrscheinlich nicht nur den Warenverkehr im Bereich des Neckarlands und der Schwäbischen Alb, sondern stand auch als Bindeglied zwischen den beiden großen Flüssen Mitteleuropas, der Donau und dem Rhein.

Nektar der Götter – der Wein

Die Spätlatènezeit ist das „Zeitalter der Oppida", sie ist aber auch die „Zeit des Weins", der teilweise massiv aus dem Mittelmeerraum eingeführt wurde. Zwar hat man Wein schon in früheren Epochen wie der Späthallstattzeit im 6. und 5. Jh. v. Chr. importiert, im 2. und 1. Jh. v. Chr. erreichte der Handel zwischen Mittelmeer und den keltischen Gebieten aber bis dahin unbekannte Ausmaße. Es gibt Berechnungen, nach denen im Verlauf eines Jahrhunderts ca. 40 Millionen Weinamphoren importiert wurden. Hinzu kamen sicherlich noch zahlreiche Holzfässer, die in der Regel aber nicht erhalten geblieben sind. Als wichtigste Handelsadern dürften in erster Linie die Flüsse gedient haben.

Die Überreste von Transportamphoren finden sich an den verschiedensten Fundstellen, von regelrechten Großhandelsplätzen wie Chalon-sur-Saône (Burgund/Frankreich) bis hin zu Heiligtümern wie das von Corent (Auvergne/Frankreich), in Prunkgräbern wie dem von Clemency (Luxemburg) oder in aristokratischen Residenzen wie der von Paule (Bretagne/Frankreich). Der griechische Geschichtsschreiber Diodor (5,26,3) berichtet, dass das Verlangen nach Wein so enorm war, dass man für eine Amphore sogar einen Sklaven eintauschte; dies dürfte aber keineswegs die Regel gewesen sein, denn so viele Millionen Menschen lebten gar nicht in Gallien und den angrenzenden Gebieten!

78 Umzeichnung einer italischen Amphore des 2./1. Jh. v. Chr., die zum Transport von Wein diente.

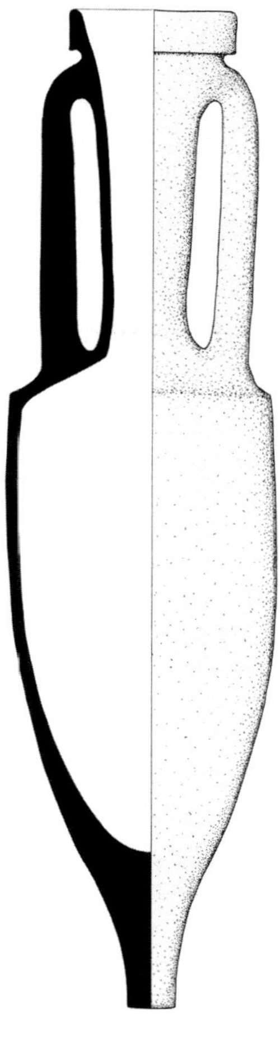

79 Auswahl an Amphorenscherben, die auf dem Oppidum Heidengraben zahlreich gefunden wurden.

Angesichts der hohen Anzahl an Weinamphoren, die in Heiligtümern und öffentlichen Plätzen gefunden wurde, nimmt man heutzutage an, dass ein großer Teil des importierten Weins im Zusammenhang mit besonderen Anlässen wie religiösen Kulthandlungen und politischen Versammlungen verbraucht worden ist – als Getränk, aber sicher auch als Trankspende an höhere oder jenseitige Mächte.

Die Verbreitung der Weinamphoren lässt allerdings deutliche regionale Unterschiede erkennen. Während an manchen Fundplätzen wie Bibracte (Burgund/Frankreich) die Amphoren in so hoher Zahl vorkamen, dass ihre Scherben sogar zur Pflasterung der Straßen benutzt worden sind, fehlen in anderen Gebieten jegliche Hinweise auf importierten Wein. Dies ist z.B. der Fall in weiten Teilen der nördlichen *Gallia Belgica*, was zumindest teilweise ideologisch begründet war: Caesar berichtet, dass die Mitglieder des Stammes der Nervier den Import von Wein bewusst ablehnten, weil er angeblich ihre Tapferkeit schwächen würde (BG 2,15), eine Feststellung, die mit dem Bild aus den archäologischen Verbreitungskarten weitgehend übereinstimmt.

Zwischen diesen beiden Extremen – Bibracte oder Chalon-sur-Saône im Land der Haeduer vs.

Klein, aber fein – die neu entdeckte Kelheimer Kanne vom Heidengraben

von **Manuel Fernández-Götz**

Im Zusammenhang mit dem spätlatènezeitlichen Weinkonsum stehen nicht nur die Amphoren, sondern auch das zum Gelage gehörende Bronzegeschirr mit Objekten wie Kannen bzw. Krüge, Siebe, *Simpula* (Schöpfer), Becher oder Eimer. Diese italischen Produkte gehören zu den kostbarsten Importen in den Oppida, leider ist ihr Erhaltungszustand oft schlecht. Dies ist auch der Fall bei einem Fragment einer Kanne vom Typ Kappel-Kelheim, das 2007 vom ehrenamtlichen Mitarbeiter Achim Lehmkuhl innerhalb des Heidengrabens, in der Elsachstadt, entdeckt worden ist. Bei dem nur wenige Zentimeter großen Fundstück handelt es sich um eine gesichts- oder maskenartige Verzierung am Henkel einer Bronzekanne, die zum Ausschenken von Wein oder als Waschservice diente. Der plastisch verzierte Henkel mit Silensattasche stellt ein besonders charakteristisches Merkmal der Kelheimer Kannen dar. Diese Fundgattung datiert vorwiegend in Latène D1 und ist auch in anderen Oppida wie Bibracte, Manching oder Stradonice belegt; ihr Auftreten auf dem Heidengraben gilt als zusätzlicher Beweis für die Einbindung dieses Zentrums in die internationalen Netzwerke der spätlatènezeitlichen Welt (s. S. 86–91).

81 Ursprünglich am Henkel angebrachtes, mit Gesicht oder Maske verziertes Fragment einer kostbaren italischen Bronzekanne.

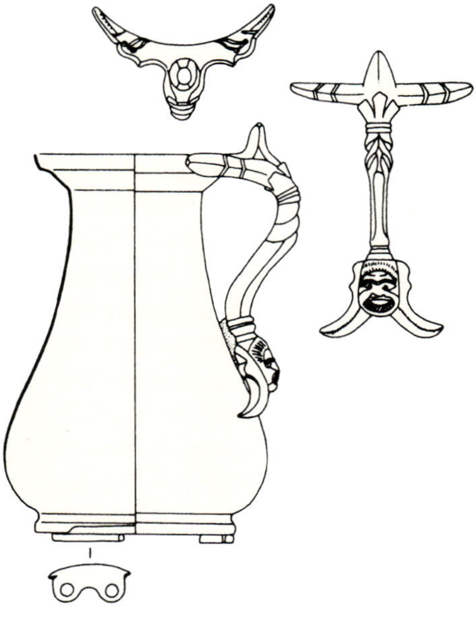

80 Kanne vom Typ Kelheim.

nördlichste Regionen Galliens – steht das Aufkommen von Amphoren am Heidengraben quantitativ sozusagen im mittleren Bereich. Zum heutigen Zeitpunkt kann man von ungefähr 130 gesicherten Randstücken italischer Amphoren sprechen, die vor allem im Bereich der Elsachstadt vorkommen. Es handelt sich um eine beachtliche Zahl, vor allem wenn man bedenkt, dass aus dem bedeutenden Oppidum von Manching bei Ingolstadt trotz besseren Forschungsstandes wesentlich weniger Amphoren bekannt sind. Die immer größer werdende Zahl am Heidengraben beweist, dass die Bedeutung dieses Oppidums bislang eher unter- als überschätzt worden ist. Es war nämlich die zentralörtliche Rolle, die die intensive Einfuhr von Amphoren erst angeregt hat. Dabei muss immer beachtet werden, dass die bekannten Amphorenscherben nur einen sehr kleinen Bruchteil der tatsächlich existierenden Menge an diesen Transportgefäßen darstellen.

Die Amphorenfunde gehören zum Typ Dressel 1. Anhand der Ränder kann festgestellt werden, dass sie in den Zeitraum zwischen 130/120 und 100/90 v. Chr. datieren, was wichtige Rückschlüsse auf die Besiedlung des Oppidums ermöglicht. In der Tat bieten Amphoren aus dem Mittelmeerraum eine der wichtigsten Grundlagen für die chronologische Einordnung der Oppida in Gallien und den angrenzenden Gebieten. Natürlich ist der Import von Amphoren nicht automatisch mit der gesamten Besiedlungsdauer eines Oppidums gleichzusetzen, ferner umschreiben die für den Heidengraben ermittelten Zahlen nur eine mögliche bzw. maximale Zeitspanne des Amphorenhandels. Dennoch deutet die Chronologie dieser Transportgefäße darauf hin, dass der Heidengraben relativ früh aufgelassen wurde, wahrscheinlich zu Beginn oder im Verlauf der ersten Hälfte des 1. Jh. v. Chr., was auch gut mit anderen archäologischen Indikatoren im Einklang steht (s. S. 106–110).

Keltische Münzen aus dem Oppidum Heidengraben

Als Söldner in griechischen Heeren, auf ihren zahlreichen Beutezügen, aber auch durch Handelskontakte kamen die Kelten mit dem Geld der Griechen im Osten und der Römer im Süden in Berührung. Die dabei erworbenen Münzen gaben ihnen den Anstoß zu einer eigenen Münzherstellung, die schließlich in den wirtschaftlich entwickelten Zentren der „Oppida" ihren Höhepunkt erreichte.

Die Numismatik teilt das latènezeitliche Münzwesen von West- bis Osteuropa in eine west-, mittel- und ostkeltische Zone ein. Diese Unterscheidung deutet an, dass das Geld der Kelten hinsichtlich der verwendeten Metalle, der unterschiedlichen Werte sowie der Darstellungen einer großen Variationsbreite unterworfen war. Als Material verarbeiteten sie entsprechend den Vorbildern Gold, Silber oder Kupferlegierungen. Eine keltische „Erfindung" stellen die „Potinmünzen" aus unedlen Metallen dar, die nicht geprägt, sondern gegossen wurden. Da keine Bezeichnungen für die Nominale bekannt sind, verwendet man heute für die Gold- und Silbermünzen die Wertbezeichnungen der griechischen und römischen Vorbilder.

Waren die ersten Goldmünzen (3. Jh. bis erste Hälfte 2. Jh. v. Chr.) sehr wahrscheinlich noch zum Zweck der Gabe zwischen Herrscher und Untertan und zur Pflege „diplomatischer" Beziehungen geprägt worden, ist eine eigentliche Geldwirtschaft erst mit dem Einsetzen des Kleingeldes aus Silber und Buntmetall (Kupferlegierung) anzunehmen. Dies geschah in der zweiten Hälfte des 2. Jh. v. Chr. insbesondere unter dem Eindruck verstärkten Handels mit

82 Keltische Münzen aus dem Oppidum Heidengraben (Elsachstadt).
Links: Gegossene Potinmünze, sog. Leukerpotin. Vs.: Kopf mit struppigen Haaren nach links; Rs.: Eber nach links, darunter ein Beizeichen ähnlich einer Lilie.
Mitte: Gefälschte Silbermünze mit Eisenkern und Silberhaut, sog. Büschelquinar. Vs.: „Büschel" nicht mehr erkennbar; Rs.: Pferd nach links, darüber Kugel mit Torques (kelt. Halsring).
Rechts: Gegossene Potinmünze, sog. Sequanerpotin. Vs.: Kopf mit Doppelband nach links; Rs.: Pferdeähnliches Tier mit Horn und langem Schweif nach links.

den Römern und der griechischen Kolonie Massalia (Marseille). Getragen wurde dieser Handel von den gallischen „Adligen", die auf diese Weise ihren Bedarf an Luxusgütern, wie z. B. Wein, deckten. In vielen Fällen weisen Namen auf den Münzen die Angehörigen dieser Oberschicht als Münzherren aus.

Die latènezeitlichen Münzsysteme Europas variieren von Region zu Region sehr stark. Im Raum von Alb, mittlerem Neckar sowie Kocher und Jagst prägte und verwendete man hauptsächlich große Goldmünzen und ihre Viertelstücke. Diese sind auch unter dem Namen Regenbogenschüsselchen bekannt. Im Raum Jura, Burgund, Westschweiz und Oberrhein (östliches Mittelgallien) fand hingegen ein differenziertes Münzsystem bestehend aus Gold-, Silber- (Quinare) und Buntmetallmünzen (Potinmünzen) Verwendung, während in Bayern wiederum goldene Regenbogenschüsselchen und als kleinere Einheiten silberne Quinare und deren Viertelstücke geprägt wurden.

Verglichen mit anderen spätlatènezeitlichen Großsiedlungen, insbesondere jenen am Oberrhein, besitzen wir vom Heidengraben bis heute eine nur sehr kleine Münzreihe. Sie besteht

83 Keltischer Gold-Stater, sog. Regenbogenschüsselchen. Gefunden 1913 in Erkenbrechtsweiler. Vs.: Vogelkopf nach links, umgeben von einem Blattkranz; Rs.: Kreuzstern, bekrönt von "Lilie", darunter drei Kugeln.

derzeit aus lediglich 23 keltischen Münzen. Die meisten davon, nämlich 17 Exemplare, stammen aus dem eigentlichen Siedlungsbereich in der Elsachstadt. Zwei silberne Büschelquinare und ein zugehöriges Viertelstück kommen aus Bayern. Ein Quinar des Typs Kaletedou hat seinen Ursprung im östlichen Mittelgallien. Die übrigen Münzen sind gegossene Bronzen, so genannte Potinmünzen. Sie beschränken sich etwa je zur Hälfte auf lediglich zwei Typen: Sequanerpotins (6 Stück) und Leukerpotins (7 Stück). Beide sind ebenfalls hauptsächlich im östlichen Mittelgallien verbreitet.

Vorbehaltlich des kleinen Spektrums ist also festzuhalten, dass in der Elsachstadt bisher keine einheimischen Münzen gefunden wurden. Die fremden Münzen kamen vermutlich in der Folge des Fernhandels an den Siedlungsplatz. Ein Handelsweg führte wohl von der Neckarmündung, wo die spätlatènezeitliche Siedlung am Limburgerhof (Kr. Ludwigshafen) lag, flussaufwärts; ein weiterer begann in der Region von Ober- und Hochrhein und setzte sich entlang der Donau fort, um nach der Überquerung der Alb den Heidengraben zu erreichen. Eine dritte Route muss aus Bayern gekommen sein, allerdings kann ihr Verlauf nicht so deutlich nachvollzogen werden.

Bemerkenswerterweise konzentrieren sich die ortsfremden Kleingeldnominale in der Siedlung am Heidengraben und ihrem direkten Umfeld. Eine weitere Streuung in der Region oder gar die Herstellung eigenen Kleingeldes ist nicht feststellbar. Es ist deshalb davon auszugehen, dass im Raum der mittleren Alb eine Geldwirtschaft, die sich durch die regelmäßige Bezahlung auch kleinerer Güter auszeichnet, nicht existierte. Gleichwohl finden sich in der Region zahlreiche in Süddeutschland geprägte und damit auch einheimische Goldmünzen, die Regenbogenschüsselchen. Einige stammen aus dem Bereich des Oppidums, jedoch nicht aus dem eigentlichen Siedlungsgebiet der Elsachstadt. Verhältnismäßig häufig kommen sie in der Flur „Goldland“ nur wenige Kilometer westlich des Heidengrabens in der Gemarkung Dettingen an der Erms sowie in der Nachbargemeinde Metzingen vor. Diese Konzentrationen z.T. typgleicher Goldmünzen sind mit großer Wahrscheinlichkeit als zerstreute Horte zu interpretieren.

Aus diesem Gesamtbild lässt sich folgern, dass im gesamten Raum von mittlerem Neckar und Alb flächendeckend ein äußerst konservativer Gebrauch von Münzgeld vorherrschte, der sich hauptsächlich auf die Verwendung von einheimischen Regenbogenschüsselchen aus Gold zur Wertakkumulation beschränkte. Eine Notwendigkeit zur Herstellung von Kleingeldnominalen scheint nicht bestanden zu haben.

Eine Waage vom Heidengraben

Innerhalb der „Elsachstadt" fand sich 1998 nahe Tor B ein herausragendes Fundensemble. Zu ihm führte die Schleifspur des Läufersteins einer Handdrehmühle, der bei der Feldbestellung aus dem Boden gerissen und etwa 70 m weit verschleppt worden war. Sein Abdruck im Boden war nachvollziehbar und dicht dabei zeigten sich, knapp 30 cm unter der Oberfläche, ein ebenmäßiges 5 kg schweres Flussgeröll mit Eisenkette sowie weitere Eisenreste – ein eng zusammengepacktes Bündel mit großem, 13,5 cm weitem Ring und Kette, einer Eisenplatte mit Nieten sowie zwei durch kleine Ringe verbundene Stabgliederketten mit Hakenenden. Aufgefaltet ist dieses Gehänge rund 1,4 m lang.

Röntgenbilder zeigten schnell, dass eine ungleicharmige Waage vorliegt. Die Öse für die Kette mit Aufhängering am oberen Ende der Eisenplatte ist um 10 mm gegen die für die beiden Stabgliederketten versetzt: Am kurzen Lastarm werden Ballen, Bündel, Säcke oder Körbe mit dem zu wiegenden Gut angehängt und mit dem auf dem Waagbalken zu verschiebenden Lauf-

84 1988 wurden nahe Tor B, zusammen mit einem Drehmühlenstein, die eisernen Bestandteile einer Waage mit einem Steingewicht gefunden.

gewicht ins Gleichgewicht gebracht. Der aus Ulmenholz gefertigte, sicher mit einer Messskala versehene Waagbalken mag recht kurz gewesen sein. Selbst ein nur 30 cm langer Waagbalken lässt eine zu wiegende Last von rund 150 kg zu.

Um eine Handwaage handelt es sich demnach nicht. Das Fundstück spricht für Warenumschlag und Handel mit schweren Lasten. Bezeichnend erscheint die Fundstelle im Oppidum, nur etwa 50 m vom Tor entfernt, dort also, wo Ware hereinkommt oder die „Stadt" verlässt.

Das Fundstück wirft ein Licht auf die bislang schwer zu deutende Fundgruppe der Steingewichte. Vom spätkeltischen Oppidum Manching altbekannt sind mehrere rund 4 kg schwere Steingewichte gleichmäßiger Form und mit umlaufender Rinne, einmal mit Eisenring und Öse. Ebenfalls um die Laufgewichte von Waagen könnte es sich bei Steingewichten mit Eisenöse von der Heuneburg handeln. Weitere Gewichte sind anzuführen, die nahelegen, dass bereits während der ausgehenden Späthallstatt- und der Frühlatènezeit die ungleicharmige Waage in Gebrauch war.

Exaktes Messen und Wiegen ist heute eine Selbstverständlichkeit. Die Waage vom Heidengraben verdeutlicht, dass Wiegen auch in keltischer Zeit zum Alltag gehörte.

„Stadtmensch und Landadel" – Besiedlung und Gesellschaftsstruktur des Oppidums Heidengraben

Die Beschreibung keltischer Siedlungsanlagen und die Erklärung einer damit verbundenen Sozialstruktur ist ein Unterfangen, das oft genug zum Scheitern verurteilt ist. Zwar sind uns zahlreiche Details zur keltischen Gesellschaft, Wirtschaft und Siedlungsweise aus antiken Schriftquellen überliefert, doch fällt es häufig schwer, diese Beschreibungen mit archäologisch dokumentierten Bauresten und Funden in Deckung zu bringen. Für den Heidengraben gilt dies umso mehr, da hier die Bedingungen für die Befunderhaltung und -überlieferung nicht gerade günstig sind. Zum einen macht es die immense Ausdehnung der keltischen Siedlung am Rand der Schwäbischen Alb schwer, ausreichend große Flächen zu untersuchen und zu dokumentieren, zum anderen sind bereits heute große Teile der in landwirtschaftlich genutztem Gebiet liegenden Befunde weitgehend durch den Pflug zerstört.

Dies führen auch die in den letzten beiden Jahrzehnten am Heidengraben durchgeführten Untersuchungen deutlich vor Augen. So konnten beispielsweise im Bereich der Elsachstadt nur noch vereinzelt Gruben, Pfostensetzungen und Gräbchen dokumentiert werden, die nicht mehr als spärliche Reste des einstigen Siedlungsbildes darstellen.

Obwohl damit auch nach Abschluss der neueren Grabungen nur relativ wenig über die genaue Besiedlung und das Aussehen des Heidengrabens bekannt ist, darf man zumindest im Fall der Elsachstadt vom eigentlichen Siedlungszentrum des Oppidums ausgehen. Dies belegt vor allem die außerordentlich große Zahl an Funden, die aus diesem separat befestigten Siedlungsbereich stammt. Sehr wahrscheinlich lebten und arbeiteten hier die ortsansässigen Handwerker in einem mehr oder weniger dicht bebauten Areal, wie wir es auch aus anderen Großsiedlungen dieser Zeitstellung kennen.

Anzunehmen ist, dass die Elsachstadt von Wegen durchzogen wurde, die die einzelnen Tore verbanden und an deren Flanken sich Häuser, Lager- und Speichergebäude, aber wohl auch kleinere Gärten und Freiflächen befanden. Einen guten Eindruck, wie man sich diese Besiedlung und Bebauung einstmals vorzustellen hat, vermittelt die Rekonstruktion der keltischen Stadtanlage von Manching. Aufgrund der jahrelangen archäologischen Untersuchungen und der sehr viel besseren Befunderhaltung ließen sich dort detaillierte Informationen zur Nutzung des Innenraums gewinnen. Unter gewissen Vorbehalten kann diese Besiedlungsstruktur auch auf die Elsachstadt des Heidengrabens übertragen werden, obwohl die Bebauung des Geländes hier wohl nur einphasig war, während sich in Manching gleich mehrere Siedlungsphasen unterscheiden lassen.

Außerhalb der Elsachstadt zeigt sich ein ganz anderes Bild. Zwar sind aus dem weiteren Innenraum des Heidengrabens bislang fast nur Lese- und Streufunde bekannt, doch lässt sich anhand der Zusammensetzung dieser Fundkonzentrationen durchaus ein erstes schematisches Bild der ehemaligen Siedlungs- und Lebensweise skizzieren. Demnach lagen dort mehrere Gehöfte oder Gehöftgruppen, von denen aus die fruchtbaren Böden und Äcker im weiteren Innenraum des Oppidums bewirtschaftet wurden. Wie die regelhaft auftretenden Funde scheibengedrehter Keramik und die Fragmente italischer Weinamphoren belegen, lebten in diesen wohl „herrenhofartigen" Ansiedlungen aber nicht nur ärmliche Bauern, sondern vielmehr Angehörige einer sozialen Oberschicht. Es ist daher anzunehmen, dass wir es hier mit Teilen des in antiken Schriftquellen überlieferten, landbesitzenden keltischen Adels

85 Im großflächig untersuchten Oppidum Manching konnte eine Bebauung aus großen Gehöften und Speicherbauten rekonstruiert werden, wie sie möglicherweise auch auf dem Heidengraben existierte.

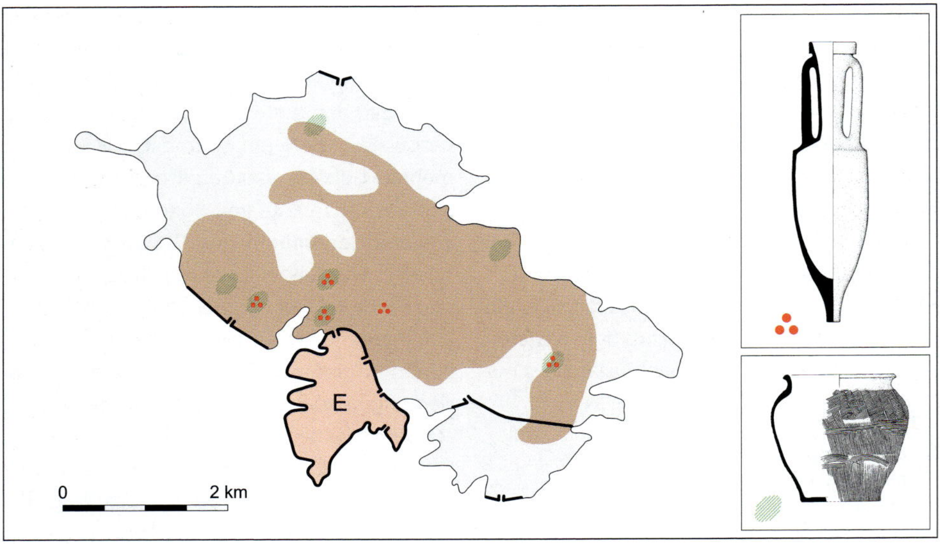

86 Innenraum des Heidengrabens mit Fundstellenkartierung außerhalb der Elsachstadt.

- Befestigungsanlagen und Tore
- Elsachstadt
- weiterer Innenraum
- fruchtbare Böden
- Fundkonzentrationen
- Amphorenfunde

zu tun haben, der von seinen Refugien aus die Geschicke des Oppidums lenkte.

Die Anwesenheit einer solchen sozialen Elite belegen neben der großen Zahl an Amphoren auch Objekte wie das oben beschriebene bronzene Trinkgeschirr und zahlreiche Waffen- und Wagenteile. So pflegten keltische Krieger und Angehörige des Adels in zweirädrigen Wagen zu fahren, von denen am Heidengraben gleich mehrere Achsnägel (Abb. 71–73) und ein Zügelring aus Bronze überliefert sind. Zur Ausstattung eines Waffengehänges dürfte, außer den an verschiedenen Stellen innerhalb des Oppidums gefundenen Schwertern, auch die bereits im Kapitel „Handel und Verkehr" besprochene Riemenzunge aus Böhmen gehören (s. Abb. 77).

Zusammenfassend betrachtet ist anzunehmen, dass die Gründung des Oppidums und die Errichtung der mächtigen Befestigungsanlagen auf die Initiative einer ortsansässigen Adelsfamilie oder Adelsschicht zurückgehen, die hier an einem strategisch und verkehrsgeographisch günstigen Ort ein wirtschaftliches und politisches Zentrum errichtete. Sowohl die topographischen und naturräumlichen Gegebenheiten als auch die Anbindung an das europäische Fernhandelsnetz lieferten dafür ideale Voraussetzungen.

Totenkult am Hügelgrab – spätkeltische Funde und Strukturen am Burrenhof

Wie zuvor bereits erwähnt, finden sich in den spätkeltischen Großsiedlungen und Oppida nahezu regelhaft auch Anlagen und Plätze, die nicht nur dem alltäglichen Leben, sondern auch den religiösen und rituellen Handlungen einer größeren Bevölkerungsgemeinschaft dien-

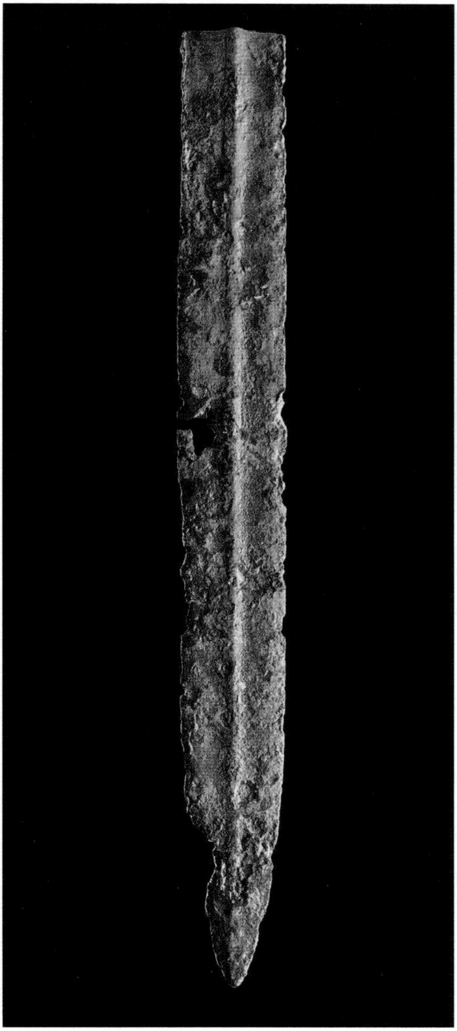

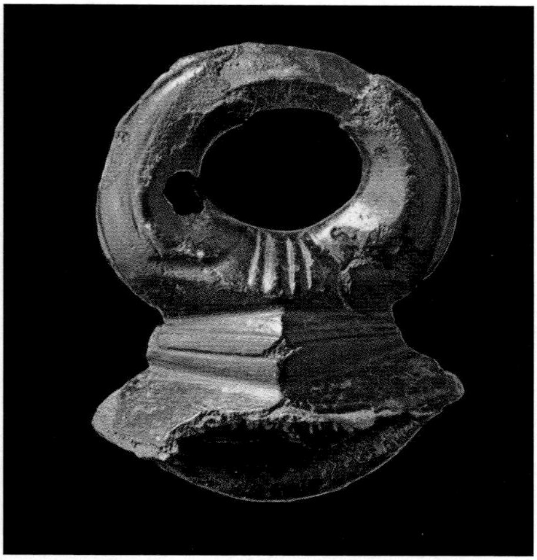

87/88 Fragmente einer eiserner Schwertklinge und eines Zügelrings aus Bronze, der einstmals Bestandteil eines spätkeltischen Wagens war.

ten. Diese Rolle eines latènezeitlichen Ritual-, Kult- und Bestattungsplatzes könnte für das Oppidum Heidengraben unter anderem das spätbronze- und früheisenzeitliche Grabhügelfeld beim Burrenhof übernommen haben. Zwar wurden von dort – wie auch aus dem gesamten südwestdeutschen Raum – bislang keine spätkeltischen Bestattungen bekannt, doch stammen aus dem Bereich der Nekropole zahlreiche Funde und Strukturen, die eine Ritualfunktion des besagten Platzes auch während des Bestehens des Oppidums erahnen lassen.

Dabei handelt es sich um diverse Gruben und Gräben, aus denen umfangreiches Fundmaterial der späten Latènezeit wie beispielsweise Fibeln, eiserne Beile, Fragmente von Glasschmuck, Amphorenscherben sowie handgemachte und scheibengedrehte Keramik geborgen wurde. Darüber hinaus fanden sich in der abgeflossenen und erodierten Schüttung der nach und nach immer weiter eingeebneten Grabhügel zahlreiche Funde der spätkeltischen Zeit. Diese Fundobjekte könnten von ehemals in die Hügeloberflächen eingetieften jüngerlatènezeitlichen Bestattungen stammen, die aufgrund der weitgehenden Zerstörung der Grabhügel heute nicht mehr erhalten sind.

Auch andernorts wurden spätlatènezeitliche Bestattungen häufig unweit von Toren und

89 Rekonstruktion eines zweirädrigen Streitwagens der jüngeren Latènezeit.

Zugangswegen zu Oppida beobachtet. Im Bereich des Burrenhofs ist eine solche Weg- und Straßensituation unverkennbar. Hierfür spricht nicht nur die Anlage und Verteilung der früheisenzeitlichen Grabhügel, sondern auch die unmittelbare Nähe zu Tor F des Heidengrabens.

Auffällig und interessant sind darüber hinaus die ausgedehnten jüngerlatènezeitlichen Gräben, die zwischen den Grabhügeln der frühen Eisenzeit verlaufen. Diese Grabhügel, die vom 7. bis 5. Jh. v. Chr. errichtet wurden, waren zur Zeit des spätkeltischen Oppidums, um 100 v. Chr., noch gut sichtbar und wurden von den Bewohnern mit Sicherheit auch als Grabmonumente vergangener Zeit wahrgenommen. Allein schon aus diesem Grund ist es eher unwahrscheinlich, dass die zwischen den Tumuli beobachteten Grabenstrukturen mit einer normalen Siedlungsaktivität der Oppidumbewohner zusammenhängen.

Insgesamt betrachtet zeigen die bis heute am Burrenhof untersuchten Gräben der jüngeren Latènezeit kein einheitliches oder zusammenhängendes Bild. Dies liegt zum einen daran, dass noch keiner der Grabenabschnitte vollständig untersucht wurde. Andererseits ist aber auch fraglich, ob alle der nachfolgend genannten Gräben gleichzeitig offen lagen. Dementsprechend darf zumindest für einen Teil der Grabensysteme mit einer gewissen Abfolge und einem Nacheinander gerechnet werden.

Bei den angesprochenen Gräben handelt es sich unter anderem um eine annähernd rechtwinklige Grabenstruktur, die im nördlichen Bereich der Nekropole dokumentiert werden konnte. Ihre Schenkel weisen eine Seitenlänge von mindestens 115 m bzw. 60 m auf. Ebenfalls im nördlichen Abschnitt des Gräberfelds gelegen ist ein ca. 180 m langes Grabenstück, das – abgesehen von einem leichten Knick – annähernd in ostwestlicher Richtung verläuft. Sein östliches Ende konnte bislang noch nicht erfasst werden.

Im südlichen Areal der Nekropole zeigen sich mehrere kurze Grabensegmente, von denen sich zwei überschneiden. Dies deutet, wie zuvor bereits beschrieben, auf eine chronologische Abfolge einzelner Grabenabschnitte hin.

90 Schematisierter Gesamtplan des Gräberfelds beim Burrenhof mit den bislang dokumentierten jüngerlatènezeitlichen Grabenstrukturen.

Ein weiteres jüngerlatènezeitliches Grabenstück konnte unmittelbar am Fuß von Hügel 19 dokumentiert werden. Der Graben war in die zum Teil bereits abgeflossene Hügelschüttung eingetieft und ist damit deutlich jünger als die letzte Bauphase des Grabmonuments. Sowohl im nördlichen als auch im südlichen Bereich des Gräberfelds konnten weitere Grabenstrukturen nachgewiesen werden, die sich derzeit aber noch einer genaueren Datierung entziehen.

Aus der Verfüllung der bereits untersuchten Grabensegmente stammt, neben zahlreichen Scherben handgemachter Tonware und Graphittonkeramik, auch das Fragment einer eisernen Fibel der Spätlatènezeit. Darüber hinaus

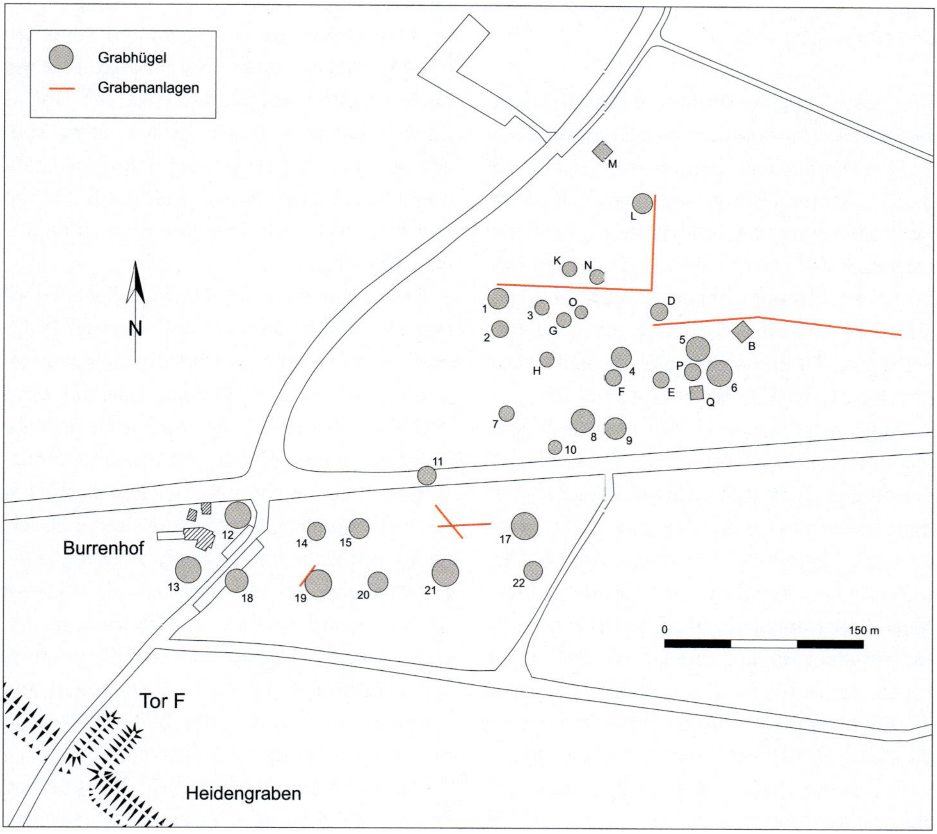

fanden sich innerhalb der verschiedenen Grabenabschnitte immer wieder Konzentrationen von Holzkohle und verbrannten Knochen, die aller Wahrscheinlichkeit nach sowohl von Menschen als auch von Tieren herrühren.

Die hier vorgestellten Befunde sind, soweit zu erkennen, für Süddeutschland bislang einmalig. Obwohl nur unvollständig untersucht und ergraben, lassen sie sich am ehesten als Hinterlassenschaft religiöser und ritueller Aktivitäten während der jüngeren Latènezeit interpretieren. Dies zeigen unter anderem zahlreiche Vergleiche aus dem französischen Raum. Zu denken ist dabei an Opferungen und Feierlichkeiten im Rahmen eines Toten- oder Ahnenkults der hier während der spätkeltischen Zeit ausgeübt wurde.

Die „Stadt" und ihr Umland – jüngerlatènezeitliche Funde rund um den Heidengraben

Es bedarf keiner besonderen Erwähnung, dass im Rahmen der vorliegenden Publikation nicht alle Funde und Fundstellen der jüngeren Latènezeit aus dem näheren und weiteren Umland des Heidengrabens aufgeführt werden können. Daher sollen nachfolgend nur einige der wichtigsten Funde und Befunde aus dem Umfeld des Oppidums näher beschrieben werden.

Abgesehen von verschiedenen Einzelfunden der Mittel- und Spätlatènezeit, ist vor allem auf das häufige Auftreten spätkeltischer Funde in den zahlreichen Höhlen der Schwäbischen Alb und des Albtraufs zu verweisen. Am bekanntesten ist diesbezüglich eine Bronzefibel des so genannten Nauheimer Typs, die im Inneren der Falkensteiner Höhle gefunden wurde. Die Falkensteiner Höhle liegt unmittelbar unterhalb des Heidengrabens, unweit der Wegverbindung durch das Elsachtal (s. Karte Rückumschlag).

Funde der späten Eisenzeit sind aber auch aus anderen Höhlen und unter Felsdächern in großer Zahl geborgen worden, wie z. B. der Eppenzillhöhle bei Bad Urach. Dort fanden sie sich häufig mit menschlichen Skelettresten vergesellschaftet. Eine sichere Datierung der Knochen in die jüngere Latènezeit ist aber in aller Regel nicht möglich, da aus den besagten Höhlen auch Objekte anderer Zeitstellung – vom Neolithikum bis in das Mittelalter – stammen. Dennoch spricht vieles dafür, dass wir es bei den Funden aus spätkeltischer Zeit, zumindest teilweise, mit rituellen Deponierungen, Opferungen oder gar Bestattungen zu tun haben.

Auf eine Ansiedlung und eventuell auch Bestattungen der vorrömischen Eisenzeit weisen darüber hinaus verschiedene Funde aus dem Kaltental, einem Seitental der Erms, hin. Dort konnten unweit des so genannten Kaltentalhäusles diverse Objekte der Hallstatt- und der jüngeren Latènezeit geborgen werden. Ob das Gewann mit dem Namen „Burren", etwas südlich des Kaltentalhäusles, auf ehemalige Grabhügel der prähistorischen oder gar keltischen Epoche zurückgeführt werden kann, muss vorerst offen bleiben.

Sicher ist jedoch, dass unweit dieses Fundplatzes, wohl im Bereich des heutigen Pfählhofs, ein mittellatènzeitliches Grabinventar geborgen wurde, das ein Schwert, eine Pfeilspitze und eine Schere aus Eisen enthielt. Obwohl die genauen Fundumstände und die Lage der Bestattung heute nicht mehr bekannt sind, ist es durchaus denkbar, dass hier im Tal der Elsach, nahe eines Weges und Zugangs zur Hochfläche der Vorderen Alb, ein solches Grab angelegt wurde. Die Bezugnahme von Bestattungsplätzen auf Wege und Straßen ist für die gesamte vor- und frühgeschichtliche Zeit typisch und zeigt sich auch im Fall des Gräberfelds beim Burrenhof auf eindrucksvolle Weise.

Die Funde aus dem Grab beim Pfählhof sind heute größtenteils verschollen. Eine Vorstellung,

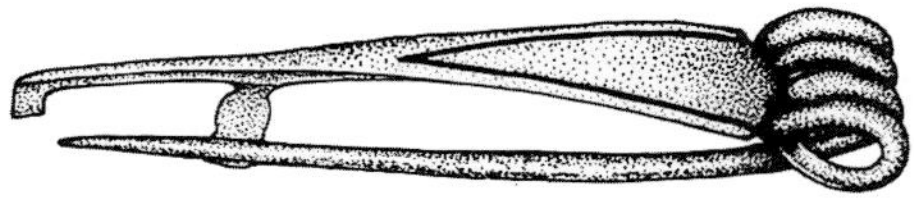

91 Spätkeltische Fibel vom Nauheimer Typ, die im Inneren der Falkensteiner Höhle unweit des Heidengrabens gefunden wurde.

wie das Grabinventar einstmals jedoch ausgesehen haben könnte, vermittelt das Beigabenensemble einer zeitgleichen Bestattung aus St. Johann-Gächingen. Auch dieses enthielt eine eiserne Schere, ein rituell verbogenes Schwert und eine ebenso verformte Lanzenspitze.

Blickt man nun vom Tal auf die Höhen, so sind es vor allem die beiden jüngerlatènezeitlichen Fundstellen und Ansiedlungen auf dem „Runden Berg" bei Bad Urach und im Bereich der Teck bei Kirchheim, die aus strategischer Sicht für das Oppidum von Bedeutung waren. Über sie ließ sich der Weg durch das Ermstal und durch das Lenninger Tal auf die Schwäbische Alb zusätzlich kontrollieren.

Des Weiteren stammen aus dem Gebiet um St. Johann, das durch seine frühkeltische Eisenverhüttung bekannt geworden ist, Siedlungsfunde der jüngeren Latènezeit. Entgegen bisheriger Vermutungen lassen sich die dort gefundenen Hinterlassenschaften aber ebenso wenig mit einer spätkeltischen Eisenverhüttung in Verbindung bringen wie die aus Kirchheim an der Teck, dem Lenninger Tal oder vom „Birkhof" bei Gächingen stammenden eisernen Doppelspitzbarren. Auch für das Oppidum Heidengraben selbst ist entgegen anders lautender Quellen eine Verhüttung von Eisenerzen in keltischer Zeit bislang nicht nachgewiesen (s. S. 85).

Erwähnenswert sind auch verschiedene Münzen der späten Latènezeit, die unter anderem in Dettingen an der Erms oder unweit von Schopfloch gefunden wurden (s. S. 94 ff.).

Im weiteren Umland des Heidengrabens war die Siedlungslandschaft wohl durch offene Weiler und Dörfer, aber auch befestigte Guts- oder Herrenhöfe, so genannte Viereckschanzen, geprägt. Diese rechteckigen Anlagen bestanden aus einem Wall- und einem vorgelagerten Graben, über den eine Brücke in das Innere führte. Dort fanden sich nahezu regelhaft, neben einem Großbau, verschiedene Speicherbauten und sonstige Gebäude sowie für die Wasserversorgung wichtige Brunnen. Entsprechende Viereckschanzen sind in einem Radius bis zu 20 km um den Heidengraben aus Nürtingen, Westerheim und Pliezhausen-Rübgarten bekannt.

92 Grabbeigaben der mittleren Latènezeit aus St. Johann-Gächingen mit rituell verbogenem Schwert, Lanzenspitze und Schere aus Eisen.

93 Zeichnerische Rekonstruktion der Viereckschanze von Bopfingen, die als Herrenhof inmitten der Siedlung liegt.

Rätselhaftes Schicksal – das Ende des Oppidums

Während für die Zeiten der älteren Besiedlungsphasen im Gebiet des späteren Heidengrabens noch keinerlei schriftliche Quellen zur Verfügung stehen und allein die Archäologie Licht ins Dunkel der Vorgeschichte bringen kann, sind für die Zeit des Oppidums einige verstreute Nachrichten aus griechischer und römischer Feder überliefert. Sie richtig zu verstehen und einzuordnen und mit den archäologischen Erkenntnissen in Einklang zu bringen ist ob der großen Lücken bei beiden Quellengattungen keine leichte Aufgabe.

Von archäologischer Seite lässt sich die Blütezeit des Oppidum am genauesten anhand der römischen Weinamphoren abschätzen. Ihre Einfuhr dürfte sich auf den Zeitraum zwischen 130/120 und 100/90 v.Chr. konzentrieren. Diese Zeitspanne wird auch von anderem Fundmaterial oder den Münzen nicht wesentlich erweitert. Hierzu passt, dass die Lebensdauer der Pfostenschlitzmauern, genauer die der darin verbauten Hölzer, nicht viel länger sein kann als wenige Jahrzehnte und die Wehranlagen (im Gegensatz etwa zu den Oppida von Manching oder Finsterlohr) offenbar keine Erneuerungsphasen aufweisen.

Die Errichtungszeit der Wallanlagen kann anhand der vorliegenden Ausgrabungen nicht genauer als allgemein spätkeltisch eingeordnet werden. Erst recht müssen Fragen nach Gleichzeitigkeit oder ein Nacheinander offen bleiben, etwa im Verhältnis des Walles durch Grabenstetten zum Südwall mit Tor E oder des Elsachstadt-Walls zu den äußeren Wehranlagen. Noch schwerer bestimmbar ist, ab wann die Anlagen dem Verfall preisgegeben wurden. Spuren gewaltsamer Zerstörung liegen bislang nicht vor.

Riusiava

Historische Quellen, die zweifelsfrei das Oppidum auf dem Heidengraben nennen, gibt es nicht. Seit Jahrzehnten diskutiert wird die Gleichsetzung mit einem Ort „Riusiava" aus der *Geographia* des griechisch-ägyptisch-römischen Mathematikers, Astronomen und Geographen Claudius Ptolemäus (ca. 100–170 n. Chr.). Als Bibliothekar an der berühmten Bibliothek von Alexandria hatte er Zugriff auf umfangreiches Quellenmaterial. Aus seinem Atlas der gesamten damals bekannten Welt ist eine Tabelle mit den Koordinaten von über 6300 Städten, Ansiedlungen und anderen topographischen Punkten überliefert. Anhand eindeutig identifizierbarer Orte ist jedoch festzustellen, dass die erhaltenen Abschriften zum Teil grobe Fehler enthalten. Die Diskussion kreist letztlich noch immer um die Frage, wie mit Hilfe der bekannten Fehler Korrekturverfahren erarbeitet und bisher nicht zuweisbare Orte richtig lokalisiert werden können. Hier ist trotz aller Bemühungen noch keine allseits überzeugende Lösung gefunden worden, sodass die Identifizierung von „Riusiava" mit dem Heidengraben weiterhin zwar gut möglich erscheint, aber alles andere als gesichert ist.

Das historische Umfeld

Den geschichtlichen Hintergrund des Oppidums beherrschen die Stichworte „Kimbernzüge" und „Helvetiereinöde".

Die Kimbern werden als germanischer Volksstamm geschildert, der seine von Sturmfluten verwüstete Heimat im heutigen Dänemark wohl um 120 v. Chr. auf der Suche nach neuen Siedlungsgebieten verließ und Richtung Süden zog. Ihnen hatten sich die Ambronen angeschlossen

94 Nach ihrem Sieg bei Agen (Frankreich) 107 v. Chr. ließen die Tiguriner die Römer unter dem Joch durchschreiten. Darstellung aus dem Jahr 1858.

95 Goldenes „Regenbogenschüsselchen" eines Typs, der auch um den Heidengraben vorkommt, mit der Inschrift ATVLL und leider unbekanntem Fundort. Das einzige weitere Exemplar hat man bei Vercelli in Oberitalien gefunden, wo die Kimbern geschlagen wurden.

sowie die Teutonen, über deren germanische oder keltische Herkunft bis heute keine Einigkeit herrscht. Der Grieche Strabo bezeichnete die Teutonen (unter Berufung auf seinen als Autorität in Keltenfragen geltenden, um 90/80 v. Chr. schreibenden Kollegen Poseidonios) als Teilstamm der keltischen Helvetier. Ein bei Miltenberg am Main gefundener römischer Grenzstein trägt die Inschrift *inter Toutonos*, wogegen der römische Gelehrte Plinius nach einem älteren Reisebericht von Teutonen an der Nordsee schrieb. Merkwürdigerweise heißt der Anführer der Kimbern in der Überlieferung *Boiorix*, was wörtlich „König der Boier" bedeutet. Auf den in Böhmen siedelnden keltischen Stamm der Boier müssten die Auswanderer tatsächlich getroffen sein, bevor sie zunächst Richtung Balkan und schließlich in die Ostalpen zogen, wo sie 113 v. Chr. ein römisches Heer besiegten. Spätestens auf dem Weiterzug nach Gallien müssen sie Südwestdeutschland passiert haben, wo sich ihnen ein Kontingent von Tigurinern anschloss, einem Teilstamm der Helvetier. Bereits 109 v. Chr. sind die Kimbern und ihre Mitstreiter in Südfrankreich mit einem erneuten Sieg über ein römisches Heer aktenkundig. Zwei Jahre später blieben die Tiguriner unter ihrem Anführer Divico bei Agen gegen ein römisches Heer siegreich. Nach mehreren Jahren, die sie raubend und plündernd in Gallien und Spanien zubrachten, beschlossen die Auswanderer, in zwei Gruppen von Westen und von Norden über die Alpen nach Oberitalien zu ziehen. Dabei wurden 102 v. Chr. die Teutonen und Ambronen in Südfrankreich bei Aix-en-Provence von den Römern abgefangen und vernichtet. Ein Jahr später ereilte die Kimbern dasselbe Schicksal bei Vercelli in der Poebene. Die mitgezogenen Tiguriner waren wohl in einem Alpental verblieben, entgingen somit der Vernichtung und konnten vermutlich heimkehren.

Die Helvetiereinöde

Als „Einöde der Helvetier" bezeichnet im 2. Jh. n. Chr. Ptolemäus rückblickend den (zu seiner Zeit längst zum Römischen Reich gehörenden) südwestdeutschen Raum, während zuvor Tacitus in seiner Germania ihre vormaligen Wohnsitze zwischen „hercynischem Wald" (womit verschiedene Mittelgebirge gemeint sein können), Main und Rhein gelegen sein ließ. Nach Caesar lebten die Helvetier zu Beginn seines Berichtes 58 v. Chr. im Schweizer Mittelland, wohin sie sich vor den andrängenden Germanen zurückgezogen hätten. Demnach müssten die Helvetier wenige Jahrzehnte vor 60 v. Chr. Südwestdeutschland aufgegeben und den Germanen überlassen haben. Aus archäologischer Sicht ist Südwestdeutschland im letzten vorchristlichen Jahrhundert zwar dünn besiedelt, aber nicht völlig verödet. Allerdings ist der spätkeltische Siedlungsniederschlag uneinheitlich und meist nur ungenau zu datieren, was verlässliche Aussagen zur Bevölkerungsentwicklung verhindert. Spuren der Germanen wie etwa im Taubertal finden sich auf der Alb und im Albvorland zu dieser Zeit noch nicht, was demnach höchstens auf Streifscharen von Germanen in diesem Gebiet schließen lässt.

Ende im Dunkel

Vor dem nur schlaglichtartig beleuchteten historischen und archäologischen Hintergrund ist kein sicheres Bild vom Schicksal des Oppidum auf dem Heidengraben zu gewinnen.

Atullos, die Tiguriner und der Heidengraben

Mehr als 50 süddeutsche Regenbogenschüsselchen, die bei Vercelli gefunden wurden, bilden den schwankenden Untergrund für die Vermutung einer Verbindung der Tiguriner mit dem Heidengraben. Von diesen Goldmünzen gehören 35 Stück einem um den Heidengraben verbreiteten, süddeutschen Typus an. Ein Exemplar dieser in Norditalien gefundenen Münzen trägt – als ganz große Ausnahme bei Regenbogenschüsselchen – eine Umschrift: ATVLL, wohl als „Atullos" zu lesen. Eine weitere Münze mit derselben Umschrift befindet sich im Landesmuseum Württemberg in Stuttgart. Leider ist ihr Fundort unbekannt.

Die Tiguriner demnach auf dem Heidengraben anzusiedeln, mit dem Münzherrn „Atullos" als ihrem Chef, ist ohne Zweifel äußerst verführerisch – aber auch mindestens ebenso unsicher. Für das Prägen von Münzen im Oppidum gibt es bisher keine Anhaltspunkte.

Die bisherigen, angesichts der enormen Ausdehnung nur punktuell zu nennenden Untersuchungen des Oppidum erlauben, wie eingangs erwähnt, keine ausreichenden Datierungen zu Errichtung, Abfolge und Ende der Wehranlagen und Siedlungsreste. Auch die Frage nach einem möglichen konkreten historischen Anlass, um ein Projekt in der Größenordnung einer solchen Befestigung anzugehen, muss offen bleiben. Die Annahme liegt natürlich nahe, den Auslöser in unsicheren Verhältnissen im Vor- oder Umfeld des Kimbernzuges zu suchen. Innerkeltische Zwistigkeiten, die für die antiken Chronisten weniger interessant waren als römische Niederlagen und über die deshalb keine Quelle berichtet, wären jedoch ebenso gut möglich. Voraussetzung für die Errichtung der Wehranlagen, deren Entwurf und Ausführung ja doch den deutlichen Eindruck von souveräner Beherrschung der Materie vermittelt, war jedoch eine Gemeinschaft, die dies zu leisten vermochte. Ihr scheinbar unvermitteltes Auftreten auf der Vorderen Alb, ohne erkennbare Vorläufersiedlung(en) oder Anlaufphase, ist erstaunlich – und wohl mehr als alles andere ein Hinweis auf Lücken im gegenwärtigen Forschungsstand.

Auch die Umstände, die zu einem wohl einige Jahrzehnte andauernden Wohlstand und Bestehen des Oppidums führten, lassen sich trotz aller Überlegungen zu Landwirtschaft, Handwerk und Verkehr beim derzeitigen Stand der Forschung nicht mit letzter Sicherheit klären.

Das Dunkel, das schließlich das Ende des spätkeltischen Heidengrabens umgibt, teilt es mit anderen Oppida und Großsiedlungen. Man kann vermuten, dass das Ausbleiben der Weinlieferungen eine Minderung seiner Wirtschaftskraft anzeigt, die bald auch den Aufwand für Unterhalt oder Renovierung der weitläufigen Verteidigungsanlagen nicht mehr erlaubte.

Über die Hintergründe dieses allgemeinen Niedergangs im Süd- und Südwestdeutschland des 1. Jh. v. Chr. ist viel spekuliert worden. Wirtschaftliche Gründe, wie eine nachhaltige Störung des Handelsverkehrs, spielten sicher eine große Rolle; doch ob hierfür eher Auswirkungen von Caesars Eroberung Galliens, die Bedrohung durch Germanen, innerkeltische Krisen, alles zusammen oder noch etwas ganz anderes die Ursache war, ist ungeklärt.

Zieht man Caesars Angabe zum Rückzug der Helvetier in die heutige Schweiz in Betracht, so erscheint auch eine damit verbundene, mehr oder weniger planmäßige Auflassung des Oppidum irgendwann zwischen ca. 90 und 60 v. Chr. möglich – ob nun tatsächlich, weil man des ständigen Kleinkriegs mit den Germanen müde war (so Caesar, wofür jedoch archäologische Hinweise fehlen) oder aus anderen Gründen, sei dahingestellt.

Wie einzelne, später datierende Funde andeuten, war auch auf dem Heidengraben, ähnlich wie im besser erforschten Manching, nicht plötzlich alles zu Ende, und neben den langsam verfallenden Wehrmauern könnte eine kleine Gemeinschaft noch einige Zeit ihre Felder bestellt haben, bis auch sie ihr uns unbekanntes Schicksal ereilte.

So bleibt denn die gesicherte Erkenntnis festzuhalten, dass der keltische Heidengraben noch längst nicht alle seine Geheimnisse preisgegeben hat.

Schuhnägel, Scherben und ein Gott – der Heidengraben in römischer Zeit

Mehr als 150 Jahre blieb der Heidengraben nach dem Ende des Oppidums ohne dauerhafte Besiedlung. Die in mehreren Stufen erfolgte römische Besetzung Südwestdeutschlands erreichte erst 85/90 n. Chr. mit der Gründung des Kastells Römerstein-Donnstetten die Vordere Alb. Der auch als Sybillenspur bezeichnete Lautertallimes zwischen Donnstetten und Köngen teilte den Heidengraben dem römischen Reichsgebiet zu.

Der militärischen Okkupation folgte die zivile Aufsiedlung, die auf dem Heidengraben durch mehrere Fundstellen belegt ist. Bei der Ausgrabung von Tor G 1981 (s. S. 78) wurden aus den Schotterungen der durch das Tor führenden Straße 291 eiserne römische Schuhnägel geborgen. Sie zeigen, dass der spätkeltische Verkehrsweg, der von Dettingen her kommend auf die Albhochfläche führte, weiter benutzt und wohl auch jetzt erst geschottert worden war. Die beiden vor dem Tor liegenden, wohl spätkeltischen Materialentnahmegruben waren mit 10 kg römischer Keramik, 2 kg Schmiedeschlacken, 0,6 kg Tierknochen und wenigen Metallfunden verfüllt, ein deutlicher Hinweis auf eine nahe gelegene Siedlung. Mit Ausnahme einer Aucissa-Fibel aus der ersten Hälfte des 1. Jh., die wohl als Altstück auf den Heidengraben kam, datieren die meisten Funde in die Mitte des 2. Jh.

Im Gewann „Hülbenäcker" südöstlich der Straße von Erkenbrechtsweiler zum Burrenhof deuten Scherben, Ziegel und Wandlehm auf Gebäude eines Gutshofs hin. Für eine weitere Niederlassung südöstlich des Burrenhofs, nahe der Hüle, sprechen nicht nur die Flurbezeichnung „Roterstein", sondern auch Keramikscherben und der Kopf einer kleinen Bronzefigur. Zahlreiche Funde, darunter auch Terra-Sigillata-Scherben, bei den Grabhügeln am Burrenhof könnten Reste römischer Nachbestattungen sein. Unmittelbar südlich des Burrenhof-Walls finden sich am Rand zum Kaltental die Flurbezeichnungen „Römerstein" und „Römersteinfels".

96 Das Köpfchen stammt von einer kleinen Statuette des Kriegsgottes Mars.

Mars auf dem Heidengraben

von **Andreas Thiel**

Im Frühsommer 2008 fand Achim Lehmkuhl südlich des Burrenhofs ein Köpfchen aus gegossener Bronze. Das nur 30 mm hohe und 21 g schwere Stück dürfte von einer Statuette des römischen Kriegsgottes Mars stammen.

Der ovale Kopf wurde zunächst in Wachs modelliert und dann mit verlorener Form in Bronze gegossen. An Kinn und Nase, den Vertiefungen mit der Andeutung der Ohrmuscheln und dem längsovalen Mund erkennt man gut, wie der Künstler das Gesicht zunächst aus weichen Wachs modellierte. Auffällig sind die etwas zu großen, kreisrunden Augen.

Für eine Deutung als Mars spricht vor allem der eindrucksvolle Helmbusch. Weder das Kopfhaar noch der eigentliche Helm sind bei dem Stück vom Burrenhof ausgearbeitet, was zu der insgesamt eher schlichten Arbeit passt.

Statuetten der verschiedensten römischen Gottheiten standen sicher nicht nur in Heiligtümern, sondern durften in keinem gewöhnlichen Haushalt fehlen. Gut vorstellbar wäre daher auch die private Verehrung des Kriegsgottes Mars etwa durch einen ehemaligen Soldaten, der sich auf dem Heidengraben niedergelassen hatte.

Auch an anderen Stellen in der Elsachstadt sowie in und um Grabenstetten kamen immer wieder Lesefunde aus dem 2. Jh. und der ersten Hälfte des 3. Jh. zutage. In Grabenstetten sollen im Südteil des Ortes an der Straße nach Böhringen sogar römische Gebäudereste gefunden worden sein und im Wald „Strangenhecke" um 1870 eine ca. 40 cm hohe, bärtige Götterstatuette aus Bronze, die aber bereits 1923 verschollen war. Aus Erkenbrechtsweiler, Grabenstetten und vom Hohenneuffen sind mehrere römische Münzen bekannt.

Auf dem Heidengraben dürften demnach im 2. und in der ersten Hälfte des 3. Jh. mehrere Gutshöfe gestanden haben, und für Reisende, die von Kirchheim oder Dettingen nach Gomadingen wollten, könnte man eine Herberge *(mansio)* annehmen. Auch die römische Geschichte des Heidengrabens ist noch lange nicht erforscht.

Die Region Heidengraben vom Mittelalter bis in die Neuzeit

Neue Siedler im frühen Mittelalter

Nach 260 n.Chr. zog sich die römische Reichsmacht hinter den Donau-Iller-Rhein-Limes zurück und das Land stand den neuen germanischen Siedlern offen, die hauptsächlich aus dem Elb-Saale-Gebiet kamen. Sie ließen sich vor allem in der Nähe römischer Gutshöfe und Siedlungen nieder und nutzten deren noch vorhandene Infrastruktur. Die Wiederbesiedlung verlief anfangs nur zögerlich, erst im 4. Jh. ist ein verstärkter Zuzug zu vermerken. Einer der Kristallisationspunkte befand sich zu dieser Zeit auf dem Runden Berg bei Urach, wo ab der Mitte des 4. Jh. eine bedeutende Höhensiedlung entstand, in der Handwerker arbeiteten. Die zahlreichen spätrömischen Geschirrfragmente und Teile militärischer Ausrüstung, die wohl auf eine auch historisch überlieferte Söldnertätigkeit zurückzuführen sind, weisen auf gute Kontakte zum römischen Reich links des Rheins hin. Während andere Höhensiedlungen in der Mitte des 5. Jh. aufgegeben werden, erlebt der Runde Berg in der zweiten Hälfte des 5. Jh. seine größte Blütezeit. Ein gewaltsames Ende nimmt die Siedlung im frühen 6. Jh. nach der Niederlage der Alamannen gegen die Franken. Zum neu entstandenen, dem fränkischen Großreich untergeordneten Herzogtum Alamannia gehörte auch die Vordere Alb. Unter fränkischer Herrschaft beginnt eine starke Aufsiedlung. Bis um 700 sind die meisten Orte bereits gegründet worden.

Während der Blütezeit des Runden Berges im 4. und 5. Jh. gibt es auffallend wenige Siedlungen im Umland. Zu ihnen gehört Hengen, das ca. 4 km südlich von Grabenstetten liegt. Neben Fundmaterial vom 4. bis zum 11./12. Jh. weisen Schlacken und Ofenreste auf die Verhüttung der dort vorkommenden Bohnerze schon im frühen Mittelalter hin, während entsprechende Aktivitäten in Grabenstetten erst im hohen Mittelalter oder später einsetzten.

Anzeichen einer dauerhaften Besiedlung im Bereich des „Heidengrabens“ gibt es erst wieder aus dem 7. Jh. n. Chr.

1994 wurde bei Kanalisationsarbeiten in der Brühlstraße in Grabenstetten ein Grab angeschnitten und im oberen Teil leider vom Bagger zerstört. Der Tote war bewaffnet mit einem zweischneidigem Langschwert, einem einschneidigem Kurzschwert, zwei Lanzen und einem Schild, von dem nur noch der eiserne Schildbuckel zeugt (s. Abb. 97). Ein Sporn weist ihn als Reiter aus. Der Mann war 20 bis 40 Jahre alt, ca. 1,74 m groß und hatte noch vor seinem 18. Lebensjahr eine Verletzung am rechten Oberschenkel erlitten. An beiden Schienbeinen fanden sich durch bakterielle Infektionen verursachte krankhafte Knochenveränderungen als Folge äußerer Gewalteinwirkung. Der Mann war offensichtlich mehrfach in Kämpfe verwickelt. Die Funde datieren das Grab in das späte 7. Jh. Überreste weiterer Gräber, die man bei einem alamannischen Bestattungsplatz voraussetzen müsste, wurden trotz intensiver Suche im Kanalisationsgraben nicht gefunden. Allerdings könnte eine schon im 19. Jh. in Grabenstetten gefundene, leider verschollene Bronzenadel mit Polyederkopf aus einem Frauengrab des frühen 7. Jh. stammen.

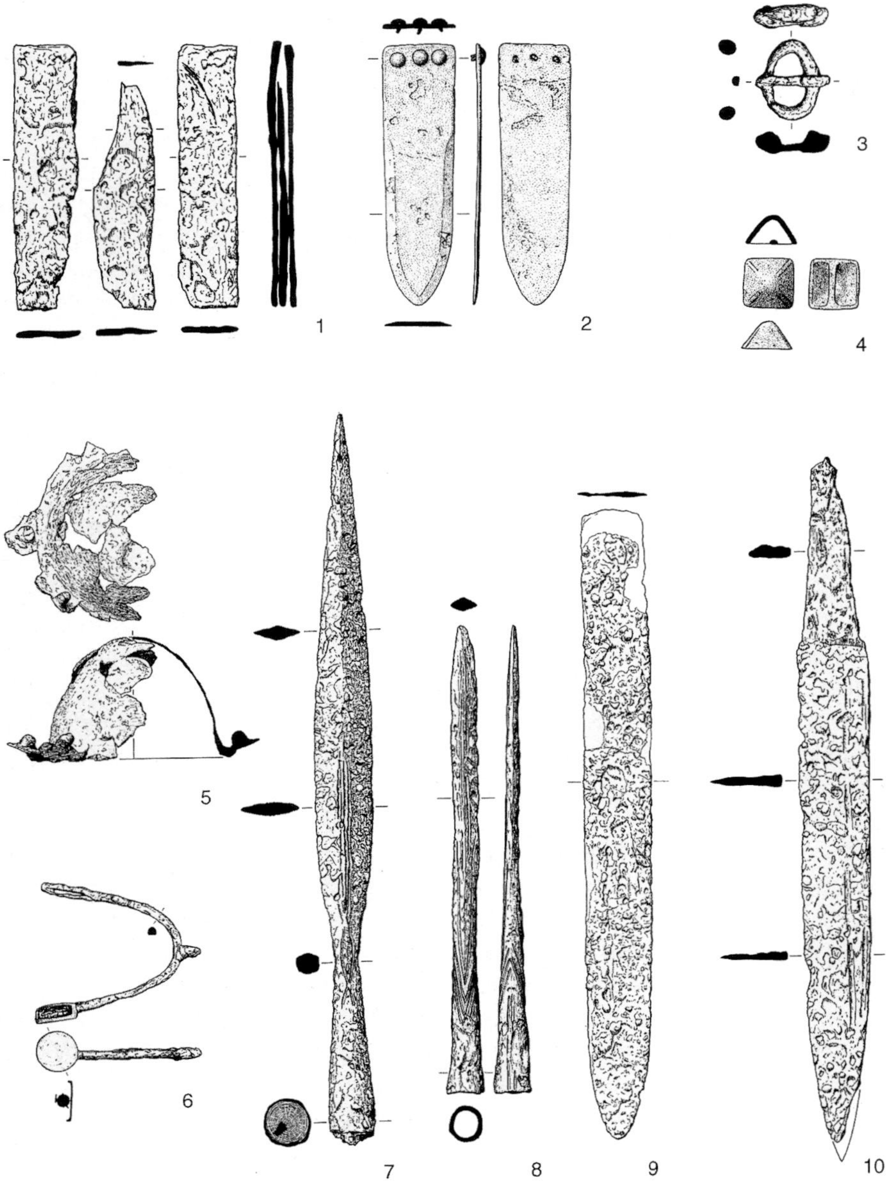

97 Der im 7. Jh. verstorbene Mann war mit Spatha (9), Sax (10), zwei Lanzen (7, 8) und Schild (5) bewaffnet. Zur Schwertaufhängung gehören ein Riemendurchzug (4) und eine Riemenzunge (2) aus Bronze, zum Gürtel eine eiserne Schnalle (3). Er trug einen Sporn (6) und ein Klappmesser (1) aus Eisen. M. 1–4 ca. 1:3; 5–10 ca. 1:5.

Neben dem bereits genannten Grabfund kamen zur gleichen Zeit im Kindergartenweg Keramikscherben, Tierknochen, Schlacken, Holzkohle und gebrannte Wandlehmreste einer frühmittelalterlichen Siedlung südlich des durch Grabenstetten laufenden Walls zutage. Die wasserliefernde Hüle lag nördlich des Walls. Man könnte vermuten, dass die Siedlung in der Nähe des Heerwegs angelegt wurde – was für die Bedeutung dieses Verkehrswegs zu dieser Zeit sprechen würde. Die Grabfunde und Scherben belegen eine Gründung von Grabenstetten im 7. Jh. Dazu passt die Endung „-stetten", die mit dem Bestimmungswort Grabo als „Siedlung bei den (Burg-)Gräben" zu übersetzen wäre. Vermutlich bestand das frühe Grabenstetten aus mehreren, für diese Zeit typischen Einzelhöfen oder Hofgruppen. Erst im 11./12. Jh., der Zeit der ersten schriftlichen Nennung, wurde der Ort auf die andere Wallseite verlegt, wo sich die Höfe enger um die allerdings erst 1275 erwähnte Kirche und einen möglichen Fronhof des Klosters Blaubeuren gruppierten.

Weitere, vor allem auf der Elsachstadt gefundene Gefäßscherben setzen ebenfalls ab dem 7. Jh. ein. Es handelt sich vermutlich um Streufunde aus der Kernsiedlung, welche mit modernem Bauaushub oder Mist auf die Felder gekommen sind. Die geringe Anzahl an aufgelesenen hochmittelalterlichen Scherben spricht wiederum für eine dünne Besiedlung aus Höfen oder kleinen Weilern. Ob es in den Grabhügeln vom Burrenhof alamannische Nachbestattungen gab, lässt sich nicht sicher belegen.

Sowohl das aus dem Rufnamen Erchinbold und „-weiler" (*villare*, Gehöft) zusammengesetzte Erkenbrechtsweiler als auch das von Hüle (Teich, Viehtränke) abgeleitete Hülben könnte dem Ortsnamenstyp zufolge im frühen Mittelalter, aber auch erst später gegründet worden sein.

Der östlich von Hülben lokalisierte Flurname „Egenhausen" weist auf eine abgegangene Siedlung hin, während der Flurname „Im Weiler" östlich von Grabenstetten in Verbindung mit einem abgegangenen Wirtschaftshof der Burg Hofen gebracht wird.

Vom Haufendorf zum Industriestandort – die Entwicklung der Gemeinden

Auf dem Gebiet des ehemaligen Oppidums Heidengraben liegen die drei selbständigen Gemeinden Grabenstetten, Hülben und Erkenbrechtsweiler und der zu Lenningen zählende Ortsteil Hochwang, der erst 1953 gegründet wurde, um für Heimatvertriebene Wohnraum zu schaffen. Trotz der Zugehörigkeit zur Herrschaft Württemberg seit 1301 entwickelten sich die drei Ortschaften durch die Jahrhunderte ökonomisch und demographisch sehr unterschiedlich. Während Erkenbrechtsweiler 1806 dem Oberamt Nürtingen zugesprochen wurde, kamen Hülben 1806 und Grabenstetten 1842 zum Oberamt Urach. Noch heute sind sie getrennt durch die Grenzen zwischen den Kreisen Reutlingen und Esslingen sowie den Regierungsbezirken Tübingen und Stuttgart. Seit 2006 gehören alle drei Gemeinden und damit die gesamte Hochfläche der Vorderen Alb zum Biosphärengebiet Schwäbische Alb.

Grabenstetten (Kr. Reutlingen)

Grabenstetten wird erstmals sicher im Jahr 1152 im Zusammenhang mit Besitz des Klosters Rot erwähnt. Schon der Name deutet auf die Nähe zum einstigen Heidengraben hin. Vom 13. bis ins 15. Jh. gehörte der Ort zum Besitz der Schwenzlin von Hofen, deren Stammburg etwa 1 km östlich des Dorfes lag. Die Rechte und der Besitz von Grabenstetten gingen bereits 1301 mit der Herrschaft Neuffen an das Haus Württemberg, sodass davon ausge-

98 Pfarrhaus von Grabenstetten und Geburtshaus von David Friedrich Weinland, dem Autor von Rulaman. Dahinter ist die Kirche St. Peter und Paul zu sehen.

gangen wird, dass bereits im 14. Jh. die Ortsherrschaft zwischen den Schwenzlin von Hofen und den Herzögen von Württemberg geteilt war. Nachdem im 15. Jh. auch noch die Speth von Sulzberg Anteile von Grabenstetten besessen hatten, ging die Ortschaft um 1526 jedoch ganz in den Besitz der Württemberger über.

Kirche und Pfarrei des Ortes werden erstmals 1275 erwähnt und 1537 reformiert. Neben der bis heute das Gemeindebild prägenden Kirche St. Peter und Paul romanischen Ursprungs gab es noch eine Alexanderkapelle nahe der Burg Hofen, die Bernhardskapelle an der Uracher Steige sowie eine Anna- und eine Katharinenkapelle. Von deren Existenz zeugen heute nur noch die Flurnamen.

Schwer traf es Grabenstetten im Dreißigjährigen Krieg, als das Dorf 1630 bis auf die Kirche, das Pfarr- und das Schulhaus sowie einige wenige Wohnhäuser abbrannte. Als in der Folgezeit auch noch eine Hungersnot und eine Krankheitswelle das Dorf überrollten, blieben, so berichtet der Vogt von Neuffen dem Herzog, nur noch sechs Bewohner der einst über 300 Seelen zählenden Gemeinde übrig. Als 1641 der Kirchturm einstürzte, läuteten in Grabenstetten acht Jahre lang keine Kirchenglocken mehr. Erst nach Kriegsende wurde die zweite, kleinere noch erhaltene Glocke wieder in Betrieb genommen. Nachdem sich der Ort in den folgenden Jahren nur langsam erholte und der Wiederaufbau nur schleppend voranging, brannte zu allem Überfluss 1664 wieder ein Teil des neu erbauten Ortes ab. Interessant und einmalig für diese Zeit ist, dass die betroffenen Bürger für ein halbes Jahr durch den Vogt von allen Steuern befreit wurden.

Eine südlich von Grabenstetten nach dem Dreißigjährigen Krieg errichtete Schanze zur

Landesverteidigung wurde 1676/77 von der Obrigkeit in Auftrag gegeben, kam allerdings nie zum Einsatz. Der dort verlaufende Wall des Heidengrabens wurde in diesem Zuge einfach erhöht und der Graben vertieft.

Durch das stetige Bevölkerungswachstum der Gemeinde in den kommenden Jahrhunderten sowie das Erbrecht reichten im 18. Jh. die Ackerflächen nicht mehr aus. Erst nachdem Pfarrer J. G. Steeb sich gegen Ende des 18. Jh. gegen den Weidegang zugunsten der ganzjährigen Stallhaltung einsetzte und sein Nachfolger A. J. F. Weinland – Vater des Rulaman-Schriftstellers D. F. Weinland – diesen abschaffte, entspannte sich die Lage. Mit dem vermehrten Anbau von Hanf und Flachs war die Leinenweberei in der Gegend neben dem Holzhandel der am weitesten verbreitete Handwerkszweig. In Grabenstetten gehörte das Tuchspinnen und Weben zum überlebenswichtigen Nebenverdienst. Nach der Einführung des mechanischen Webstuhls zu Beginn des 19. Jh. fand die Handweberei auch in Grabenstetten ein jähes Ende. Mit der durch Pfarrer Weinland gegründeten Industrieschule für Mädchen und Frauen nahm die Heimarbeit im Nähen und Stricken jedoch wieder einen wichtigen Platz ein. Bis heute ist der Ort von Kleinunternehmen geprägt.

In Folge der großflächigen Abholzung zugunsten des Holzgewerbes zählte Grabenstetten lange zu den waldärmsten Gemeinden. Dies änderte sich erst in den 1980er-Jahren, als mit der Aufforstung des Gemeindewaldes begonnen wurde. Neben Hülen verfügte Grabenstetten aufgrund seines wasserdurchlässigen Untergrunds über eine gute Trinkwasserversorgung. 1921 wurde der Ort an die Abwasserver-

99 Das 1811 erbaute „Alte Schulhaus" in Hülben diente bis 1842 auch als Rathaus.

sorgung „Vordere Alb" angeschlossen. 1923 erfolgte die Elektrizitätsversorgung. Seit der Auflösung des Kreises Bad Urach 1938 gehört Grabenstetten zum Kreis Reutlingen.

Im Zuge der von den Nationalsozialisten geplanten „Albrandverteidigung" geriet Grabenstetten kurz vor Kriegsende im April 1945 doch noch unter Artilleriebeschuss der alliierten Streitkräfte. Die Kämpfe forderten kurz vor dem Einmarsch amerikanischer als auch französischer Truppen noch das Leben vieler Zivilisten und Soldaten.

Zu den Sehenswürdigkeiten gehört vor allem die evangelische Pfarrkirche St. Peter und Paul, die, wie bereits erwähnt, im Laufe der Zeit viele Veränderungen erfahren hat. Von besonderer Bedeutung sind die 1912–1924 wiederentdeckten Wandmalereien aus dem Jahr 1450, die im Zuge der Reformation übertüncht worden waren. Diese konnten zum Teil wieder rekonstruiert werden und sind in der Kirche zu besichtigen.

Auch das 1712 erbaute Pfarrhaus, das Geburtshaus von D. F. Weiland, ist einen Blick wert.

Hülben (Kr. Reutlingen)

Das 1137 in der Zwiefaltener Chronik erstmals gesichert erwähnte Hülben gehörte bereits seit 1265 zum Herzogtum Württemberg. Nach der Reformation 1534 wurde auch Hülben protestantisch, erhielt aber erst 1866 seine eigene Pfarrei.

Über die Geschehnisse während des Dreißigjährigen Krieg ist in Hülben wenig bekannt. Dennoch dürfte der Ort ähnlich gelitten haben wie auch die Nachbargemeinden.

Seit sich zu Beginn des 20. Jh. erste Industriebetriebe in Hülben ansiedelten, veränderte sich die bis dahin bettelarme Gemeinde mit kleinen Bauernhöfen und vielen Tagelöhnern zu einem modernen Industriestandort.

Die kleinen Tagelöhnerhäuschen, die einst das Bild der Ortschaft prägten, sind heute weitgehend verschwunden. Dennoch ist der Kern des einstigen kleinen Haufendorfs im Umkreis der Kirche noch erkennbar. Bei dem 1965 erbauten Kirchenneubau handelt es sich um den dritten in 700 Jahren. Wohl 1233 wird eine Kapelle zu „Unserer lieben Frau" erwähnt. Zu einem der wenigen, übrig gebliebenen historischen Gebäude gehört das 1811 erbaute alte Schulhaus in der Hauptstraße 18, auch nach der bekannten Lehrerfamilie „Kullen-Haus" genannt. Obwohl stark umgebaut, sticht es bis heute mit seinem hohen Krüppelwalmdach deutlich aus dem modernen Ortsbild hervor.

Da Hülben auf wasserdurchlässigem Basalttuff erbaut ist, verfügt der Ort seit jeher über ausreichende Wasservorkommen. Leider wurden die beiden Hülen, nach denen der Ort benannt ist, zu Beginn des 20. Jh. zugunsten der Ortsdurchfahrt zugeschüttet. Im Zuge der Ortskernsanierung konnte jedoch im Bereich der „Hinteren Lache" 1994 eine neue Hüle angelegt

Goldrausch auf der Alb

Im 18. Jh. brach in Grabenstetten der Goldrausch aus, weil die in vulkanischen Gesteinsschichten vorkommenden Glimmerplättchen für Gold gehalten wurden. Berichten zufolge wurde die Falkensteiner Höhle über 50 Jahre lang Ziel von Goldsuchern, die dort teils mit Wünschelruten, oft mit herzoglichem Schürfschein versehen, ihr Glück versuchten. Sogar Stollen wurden im Inneren der Höhle gegraben. Nachdem eine Person verunglückte, wurde der Zugang zur Höhle geschlossen und offiziell bekannt gegeben, dass dort kein Gold oder andere Erze zu finden seien.

100 Das 1744 errichtete Pfarrhaus wird heute als Bürgerhaus genutzt.

und der Gemeinde damit ihr Wahrzeichen, das sie sogar im Wappen führt, zurückgegeben werden.

Eine der wenigen Wasserschöpfstellen unterhalb der Albhochfläche ist die Heiligenbergquelle, die bis zum Bau der ersten Wasserleitung 1912 von der Hülbener Bevölkerung zur Trinkwasserversorgung aufgesucht wurde. 1991 wurde der Heiligenbergbrunnen vollständig restauriert und ist bis heute ein Ausflugsziel.

Erkenbrechtsweiler (Kr. Esslingen)

Erkenbrechtsweiler wird 1284 als Lehen des Hochstifts Speyer erstmals erwähnt. 1301 ging der Ort mit der Herrschaft Neuffen an die Grafen von Württemberg über. Diese übten alle herrschaftlichen Rechte aus und beanspruchten alle Abgaben und Steuern. Grundbesitz hatte auch die Frühmesspfründe von Grabenstetten, deren Einkünfte von 1537 bis Mitte des 18. Jh. ausschließlich für die Tübinger Universität eingezogen wurden.

Mit der Reformation wurde Erkenbrechtsweiler evangelisch. Die Pfarrkirche, ursprünglich eine spätmittelalterliche Kapelle, wurde bereits 1756 völlig umgestaltet und erhielt kurz zuvor ein neues Pfarrhaus, welches der Gemeinde heute als Bürgerhaus dient. Über eine eigene Pfarrei, welche auch die Festung Hohenneuffen betreute, verfügte Erkenbrechtsweiler bereits seit 1739.

Im Dreißigjährigen Krieg umfasste die Gemeinde nur noch 50 Personen, der Gebäudebestand ging um 60 % zurück und auch die Wiesen und Ackerflächen lagen brach. In den

Notgroschen für bessere Zeiten – Münzschatzfunde

In den 1920er-Jahren kam bei Bauarbeiten in Hülben ein Münzschatz mit ca. 343 Münzen zutage, der sich aus Hellern, Basler und Breisgauer Pfennigen sowie Bodenseebrakteaten zusammensetzte und wohl um 1300 vergaben worden war. Die Umstände seiner Niederlegung sind bislang ungeklärt. Insgesamt 118 Münzen gelangten in das Münzkabinett des Landesmuseum Württemberg in Stuttgart, die übrigen in Privatbesitz.

Noch umfangreicher war ein Schatzfund, der 1913 beim Tieferlegen eines Kellers in Erkenbrechtsweiler gefunden wurde. Er bestand aus 5414 Münzen, etwa zur Hälfte Heller und Würzburger Pfennige, und wurde um 1370–80 vergraben. Auch er verblieb im Münzkabinett in Stuttgart.

nächsten Jahrzehnten stieg die Bevölkerungszahl nur langsam an.

Neben den üblichen Handwerksberufen lebte der größte Teil der Bewohner bis ins 20. Jh. von der Landwirtschaft. Neben den ortsnahen Steinbrucharbeiten lieferte die Textilindustrie im späten 19. Jh. weitere Erwerbsmöglichkeiten.

Die Molach, ein mit Wasser gefüllter ehemaliger Vulkanschlot, liegt am Rande der Erkenbrechtsweiler Albhochfläche und ist eine der Seltenheiten der Schwäbischen Alb. Das Naturdenkmal ist bis heute ein interessantes Ausflugsziel. Jedoch verfügte Erkenbrechtsweiler im Gegensatz zu seiner Nachbargemeinde Grabenstetten über keine Quellen. Das Wasser stammte aus verschiedenen Hülen, wie sie bereits aus Hülben bekannt sind, sowie Brunnen, u.a. dem im Nordostteil des Dorfes liegenden Beurener Brünnele. Erst 1919 wurde der Ort an die zentrale Trinkwasserversorgung angeschlossen. Strom wurde durch die Neckarwerke bereits 1910 geliefert.

Wie in Grabenstetten fanden auch in Erkenbrechtsweiler in den letzten Kriegstagen des Zweiten Weltkrieges Häuserkämpfe statt, die vielen Zivilisten und Soldaten das Leben kosteten sowie Teile des Dorf in Schutt und Asche legten. Da Erkenbrechtsweiler genau an der Grenze zwischen französischen und amerikanischen Besatzern lag, dauerte es verhältnismäßig lange, bis sich das öffentliche Leben nach Kriegsende wieder normalisierte. Die Aufnahme vieler Kriegsflüchtlinge forcierte die Freigabe von Neubaugebieten, wodurch der Ort bereits in den 1950er-Jahren stetig wuchs. Aus dem lang gestreckten, aus mehreren Weilern bestehenden Ort wurde ein Haufendorf. So hat sich die Gemeinde in den letzten 700 Jahren vom Armeleutedorf zu einem reinen Wohn- und Arbeiterdorf entwickelt. Dennoch ist der Ort mit seinen vielen alten Fachwerkhäusern und Gebäuden sowie dem 150 Jahre alten Backhäusle einen Besuch wert.

Mittelalterliche und jüngere Burgen und Befestigungen

Burg und Feste Hohenneuffen

Auf einem nur durch einen schmalen Grat mit der Hochfläche verbundenen Sporn liegt die Festung Hohenneuffen (Stadt Neuffen), eine der größten und bedeutsamsten Ruinen Baden-Württembergs. Manegold von Sulmetingen erbaute die Burganlange Anfang des 12. Jh. Die Herren von Neuffen gehörten bereits im 13. Jh. zu den bedeutendsten Adelsgeschlechtern im Gefolge der Stauferkönige und übten unter diesen hochrangige Ämter aus. In

101 Die Festung Hohenneuffen ist eine der bedeutsamsten Ruinen Baden-Württembergs und ein beliebtes Ausflugsziel.

dieser Zeit lebte auch der bekannte Minnesänger Gottfried von Neuffen. Mit dem Erlöschen der Staufer ging die Herrschaft derer von Neuffen zu Ende. Kurz vor 1300 fiel die Burg an Konrad von Weinsberg, der sie 1301 an Graf Eberhard von Württemberg verkaufte. Die nächsten 500 Jahre blieb der Hohenneuffen fest in württembergischer Hand. Während die Burg im Reichskrieg von 1312 und im Bauernkrieg 1525 uneinnehmbar blieb, fiel sie im Dreißigjährigen Krieg immerhin erst nach 14-monatiger Belagerung. Vom 15. bis ins 18. Jh. diente die Festung als Staatsgefängnis mit teils prominenten Insassen. Im 18. Jh. wurde der Hohenneuffen als Festung nach europäischem Muster mit Bastion und Kasematten erweitert, jedoch sind die mittelalterlichen Ring- und Schildmauern bis heute erhalten. Drei mächtige Türme, die Ludwigsbastion und der Pulverturm stammen aus dem 16. Jh. Zu Beginn des 19. Jh. wurde die Festung aufgegeben und durch Steinbrucharbeiten der umliegenden Gemeinden stark beschädigt. Erst in den 1830er-Jahren konnte der Oberforstmeister von Urach, Graf Friedrich von Mandelslohe, weitere Abbrucharbeiten stoppen und die Ruine für Besucher wieder zugänglich machen. Bis heute ist der Hohenneuffen, der übrigens auch in den Verhandlungen um ein

102 Von der Burgruine Hofen sind nur noch Reste der Umfassungsmauer und Befestigungsgräben zu sehen. Das „Tor" wurde neu errichtet.

geeinigtes Baden-Württemberg eine wichtige Rolle spielte – eine Gedenktafel an die Dreiländerkonferenz von 1948 erinnert an das denkwürdige Ereignis –, ein beliebtes Ausflugsziel.

Die Redoute auf dem Kohlhau

Lange galt die direkt am Wanderweg auf einer Kuppe östlich des Hohenneuffen gelegene quadratische Redoute auf dem Kohlhau als keltische Viereckschanze. Bei einer Grabung 1906 kamen keine datierbaren Funde zutage und schriftliche Quellen lassen heute keinen Zweifel mehr an der Datierung der Anlage ins 18. Jh. Die Redoute (frz. Schanze) diente wohl als strategisch wichtiger Überwachungspunkt der Straße zur Festung Hohenneuffen.

Ruine Hofen

Auf einem steil ins Schlattstaller Tal abfallenden Felsen, östlich der Gemeinde Grabenstetten, liegt die Burgruine Hofen. Die Burg war einst Stammsitz des Adelsgeschlechtes von Schwenzlin, das sich später nach ihrer Burg von Hofen nannte. Vom 13. bis ins 15. Jh. besaßen sie das Vogtrecht über Grabenstetten, bevor die Burg gegen Ende des 15. Jh. aufgegeben wurde. Bereits 1553 wird sie in Archivalien als Ruine genannt. Funden zufolge könnte die Burg schon im 12. Jh. bestanden haben, heute sind neben dem 1986 restaurierten Tor der Burganlage noch Reste der Umfassungsmauer sowie Gräben und Wälle zu sehen.

Die Befestigungen auf der Bassgeige

Der gedrehte Wall

Nördlich von Erkenbrechtsweiler liegt ein ca. 55 ha großer Albvorsprung, der nach seiner Form „Bassgeige" genannt wird. Zur Hochfläche hin wird er doppelt gesichert, von zwei parallel verlaufenden Wällen, die beide „Heidengraben" heißen. Der südliche Wall ist ein Teil der spätkeltischen Befestigungsanlage mit Tor G. Später wurde er – wie die 1976 durchgeführte Untersuchung erbrachte (s. S. 78) – im Süden durch einen 5 m breiten, 1 m in den Fels eingetieften Spitzgraben an der einstigen Innenseite verstärkt und wechselte somit die Front. Zwei Gefäßscherben geben einen Hinweis, dass dies erst im Spätmittelalter erfolgt sein könnte.

Der zweite, ca. 150 m nördlich davon liegende Wall ist nur noch teilweise erhalten. Im Süden liegt ein bis zu 7 m breiter, zum Teil in den Fels eingearbeiteter Sohlgraben davor, der 1893 noch 4 m tief war. Offenbar bestand der Wall aus einer trocken gesetzten Stirnmauer aus gesägten Tuffsteinblöcken, die 1971 an einer Stelle noch zu sehen waren. Da keine eindeutige Torsituation erkennbar ist, vermutete Franz Fischer ein Tor am westlichen Ende, das durch das dort durchführende Sträßchen möglicherweise beseitigt worden ist. Während die ältere Forschung eine römische Datierung erwog, gehen Bittel und Fischer von einer mittelalterlichen Anlage aus.

Gesägte Tuffblöcke!

Eine ähnlich aufgebaute Befestigung riegelte anscheinend die nordwestliche Zunge am Weg zum „Beurener Fels" zur „Bassgeige" hin ab. 1926 konnte der Zuffenhausener Lehrer Wilhelm Müller an der schmalsten Stelle am „Schlupffels" eine Mauer aus gesägten Tuffblöcken beobachten, der im Osten ein 6 m langer und 1 m tiefer Graben vorgelagert war. Graben und Mauer sind durch Wegearbeiten fast vollständig verschwunden. An Keramikfunden sind lediglich vorgeschichtliche, vermutlich hallstattzeitliche Scherben bekannt, die jedoch kaum für eine Datierung der Befestigung herangezogen werden können.

An zwei Stellen, auf dem Burghörnle und am

103/104 Zwei Planaufnahmen der Gebäudereste vom Burghörnle. Im Vergleich zur modernen Einmessung von 2009 (rechts) erscheint der rein rechtwinklige ältere Plan von 1905 (links) deutlich idealisiert.

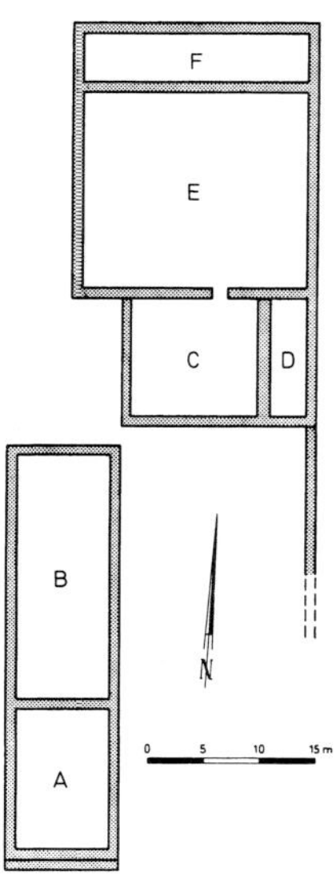

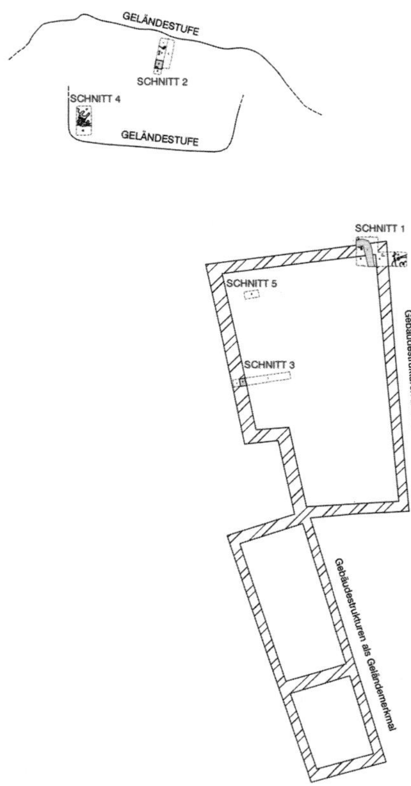

Rätselhafte Gebäude am Burghörnle
von Sybil Harding

Am Westrand des Plateaus, dem so genannten Burghörnle, gruben Pfarrer Dr. Lorsch aus Erkenbrechtsweiler und Herr Gussmann aus Gutenberg 1887 Reste von zwei größeren, ca. 20 m langen Gebäuden aus. Die noch 1 m hoch anstehenden Mauern bestanden aus Kalksteinplatten und waren nach Art des römischen *opus spicatum* fischgrätartig gesetzt mit Ecken aus Sandstein. Geborgen wurden Ziegelfragmente und Scherben aus „samischer Erde", wie man damals Terra Sigillata, das gute römische Geschirr, bezeichnete. Die Funde sind leider verschollen und eine Überprüfung daher nicht möglich.

Im Sommer 2009 führte das Institut für Ur- und Frühgeschichte und Archäologie des Mittelalters der Universität Tübingen dort eine Lehrgrabung durch, um zu klären, ob der Gebäudekomplex in Zusammenhang mit einer mittelalterlichen Burganlage und dem hier verlaufenden Heerweg stehen könnte. Leider hatte die Grabung von 1887 – wie befürchtet – sämtlich Schichtanschlüsse zerstört. Freigelegt werden konnte im nördlichen Gebäude ein 1 m breites, vermörteltes Schalenmauerwerk mit Tuffsteinquadern. Neu war jedoch der Nachweis einer 1,2 m breiten Umfassungsmauer mit Tuffsteinquadern, die sich auf dem Geländescan abzeichnete und offenbar im Norden und Osten den Gebäudekomplex umschloss. Leider fand sich kein einziger aussagekräftiger Fund, der zur Datierung hätte beitragen können. Das „Burghörnle" will sein Geheimnis vorerst nicht preisgeben.

Brucker Fels, konnten Gebäude freigelegt werden, die offenbar eine ähnliche Bauweise zeigten.

Auch beim „Brucker Fels" an der nordöstlichen Spitze der „Bassgeige", wurden nah am Felshang 1931 die Ruinen zweier Gebäude untersucht, deren Mauern, wie der Ausgräber Oscar Paret feststellte, denen am „Burghörnle" entsprachen, die Ecken waren aus Tuffquadern gearbeitet. Er beobachtete rohe handgeformte braune, graue und schwarze Keramik, die nicht römisch, aber seiner Meinung nach möglicherweise fränkisch sein könnte.

Württemberg unter Habsburg

Die Befestigungen und Gebäude auf der „Bassgeige" geben einige Rätsel auf. Bisherige Spekulationen zu einem (früh)mittelalterlichen Herrenhof oder einem (früh)neuzeitlichen Gebäudekomplex zur Unterbringung von Zug- oder Weidetieren, die nach dem steilen Aufstieg über den Heerweg hier untergebracht wurden, wollen nicht so richtig passen. Auffallend ist die Ähnlichkeit der Mauer- und Befestigungstechnik, die auf eine gewisse Gleichzeitigkeit schließen lässt, wenngleich eine solche erst noch einmal überprüft werden müsste, außerdem die ältere Bezeichnung „Burg" für die gesamte Anlage, die sich heute noch in den Bezeichnungen „Burghörnle", „Burgwald", „Auf der Burg" wiederfindet. Besonders interessant erscheint in diesem Zusammenhang auch, dass das Areal Burghörnle zur Gemarkung der im Tal liegenden Gemeinde Beuren gehört, während sonst die Gemarkungsgrenze immer am Albtrauf entlang verläuft.

Eine mögliche Erklärung könnte eine Urkunde von 1304 geben, die eine Burg auf der

Gemarkung Beuren erwähnt. Im Streit zwischen den Württembergern und den Habsburgern um die Vorherrschaft im mittleren Neckarraum, nach dem Tod Rudolf von Habsburgs 1291, gelang Württemberg 1301 die Erwerbung der Herrschaft Neuffen, während die Enkel Rudolfs 1303 die halbe Burg Teck und die Stadt Kirchheim kauften. Zur Abgrenzung der Interessenssphären wurden in Ulm 1304 zwischen Herzog Friedrich von Österreich und Graf Eberhard I. von Württemberg drei Urkunden ausgestellt. Darin wird u. a. festgelegt, dass die Habsburger Beuren wieder den Württembergern zurückgeben müssen und diese im Gegenzug im Dorf und auf der Mark Beuren keine neue Burg oder Feste bauen dürfen.

Die Ereignisse, die dahinterstecken, lassen sich nicht eindeutig rekonstruieren. Weder wird klar, wie das zur Herrschaft Neuffen gehörende Beuren vorübergehend an Habsburg gelangte, noch worauf sich der untersagte Bau einer neuen Burg bezieht. Da in Beuren sonst keine Burg bekannt ist, wäre es nahe liegend, dass es sich um die Gebäude vom „Burghörnle" handeln könnte. Spinnt man den Gedanken weiter, so dürfte der Bau erst kurz nach 1301 begonnen und schon 1304 wieder eingestellt worden sein. Das würde zumindest die fehlenden Siedlungsfunde erklären. Zu beweisen ist dies ohne weitere archäologische Untersuchungen nicht.

Und wie fügen sich die anderen Anlagen in diese Hypothese ein? Auch hier können nur Überlegungen angeführt werden, die archäologisch und historisch zu überprüfen wären.

Die Gebäude auf dem „Brucker Fels" mit weitem Blick ins Kirchheimer Tal könnten Wachtürme gewesen sein, vielleicht errichtet in derselben Zeit, um die habsburgischen Aktivitäten und den Albaufstieg bei Owen, Lenningen, das Lauter- oder Lenningertal besser beobachten zu können. Da sie nicht auf Beurener Gebiet lagen,

105 Nordostecke des 2009 aufgedeckten nördlichen Gebäudes vom Burghörnle.

könnten sie durchaus noch länger benutzt worden und daher möglicherweise zweiphasig sein.

Zum abgeriegelten Sporn vor dem „Beurener Fels" könnte man den kühnen Gedanken äußern, dass dort die eigentliche Burg geplant war, und die Gebäude auf dem „Burghörnle" nur eine Art Vorburg sein sollten. Ohne Erklärung bleibt dann immer noch die Doppelbefestigung. Zwar könnte die Keramik für eine ähnliche Zeitstellung sprechen, aber ein sinnvoller Bezug für eine württembergische Befestigung auf württembergischen Gebiet scheint zu fehlen. Möglicherweise wurden die Anlagen auch zu ganz unterschiedlichen Zeiten aus unterschiedlichen Gründen errichtet. Fragen, die, wie schon F. Fischer meinte, die archäologische und historische Forschung nur gemeinsam klären könnten.

Die Befestigung am Kienbein

Nordwestlich von Hülben liegt der bereits erwähnte schmale Sporn Kienbein. Der rund 550 m lange, in den Albtrauf vorspringende Westteil wird an der schmalsten Stelle durch einen ca. 100 m langen Steinwall und einen zur Hochfläche hin vorgelagerten Graben von diesem abgeschnitten. 1896 beschreibt Major Julius Steiner, dass der Graben in den Fels eingearbeitet ist, einst viel tiefer war und später aufgefüllt wurde. Die von F. Fischer vermutete „nachantike" Datierung kann ohne archäologische Untersuchung weder bestätigt noch widerlegt werden.

Kelten und Co. im Gelände

Die verschiedenen Teile des keltischen Heidengrabens liegen bis zu 5,5 km auseinander, benachbarte archäologische Geländedenkmäler späterer Zeiten zum Teil noch etwas weiter. Sie sind seit mehreren Jahrzehnten durch einen archäologischen Rundwanderweg verbunden, der fast den ganzen nördlichen und östlichen Rand der Grabenstettener und Erkenbrechtsweiler Halbinsel umfasst und so, kleine Abstecher eingerechnet, eine Gesamtlänge von knapp 30 km erreicht. Da er die Hochfläche nicht verlässt, sind die Höhenunterschiede unbedeutend. Sein Symbol ist ein Achsnagel in Gestalt einer menschlichen Büste, der in der Gegend gefunden wurde (s. Abb. 71). Er ist als Kopie im 2012 erweiterten und neu gestalteten Keltenmuseum Grabenstetten zusammen mit Originalfunden aus dem Oppidum zu sehen.

106 Der Heidengraben beim Burrenhof (rechter Bildrand) mit Blick nach Nordwesten und auf Neuffen, im Vordergrund der nordwestliche Ausläufer des Kaltentals. Deutlich ist zu sehen, wie der von Bäumen bewachsene Wall als Fortsetzung der Talränder angelegt ist.

Die Ausschilderung des Achsnagelweges wies Anfang 2012 einige Lücken auf.

An allen Stationen des Rundwanderweges informieren Tafeln über das jeweilige Bodendenkmal. Gelegentlich sind auch noch ältere Tafeln vorhanden.

Die Beschaffenheit der Strecke ist sehr unterschiedlich und reicht von Teerstraßen über Grasstreifen am Waldrand bis zu abschüssigen, bei Nässe rutschigen Fußpfaden im Wald. Auch Stellen über Felswänden kommen vor, die für Menschen mit Höhenangst schwierig werden können.

Mehrere Parkplätze ermöglichen einen Einstieg in die Strecke. Häufig bieten sich durch Schleifen in der Routenführung oder andere Wanderwege auch Abkürzungen für kürzere Rund- und Teilstrecken an, etwa beim Burrenhof, in der Elsachstadt, in Grabenstetten oder von dort zum Südwall sowie an der Bassgeige.

Zwischen Neuffener Steige und Burrenhof

Auf der Straße von Bad Urach und Hülben kommend, durchquert diese 400 m nach der

107 Der Burrenhof-Wall mit Blick nach Südosten. Vorne unten liegt zwischen dem Sträßchen und den Bäumen auf dem Wall Tor F, links unten der Burrenhof. In der Bildmitte zieht von rechts das Kaltental heran, dahinter die Elsachstadt mit ihrem Wall, der links oben als von Bäumen bewachsener Bogen den Nordostausläufer des Kaltentals fortsetzt.

Einmündung der von Neuffen heraufführenden Steige den Burrenhof-Wall, der hier von links als baumbewachsener Streifen, von rechts als Damm im Wiesengelände an die Straße heranreicht. Hier konnten beim Straßenbau 1974 Wall und Graben untersucht werden (s. S. 76). Unmittelbar danach führt links der Weg zum Wanderparkplatz Hochholz mit einer Einführungstafel zum Heidengraben und einem Grillplatz.

Von hier verläuft der Wall mit Graben, unter den Bäumen gut erhalten und auf der Wallkrone begehbar, 250 m nach Nordwesten. Dort stößt er auf den Steilhang zur Neuffener Steige, der den Wallverlauf in fast gerader Linie fortsetzt. Anzeichen für eine Befestigung der Hangkante sind nicht erkennbar. Dem modernen, an dieser Stelle verbreiterten Weg am Abhang entlang sind hier der Ansatz sowie etliche Meter von Wall und Graben zum Opfer gefallen. Der Weg führt als Fußpfad nordwärts weiter zum Hohenneuffen.

Südöstlich von Straße und Parkplatz sind Wall und Graben flacher, im Grasland aber zunächst noch gut erkennbar. Nach 100 m sind sie, da hier Ende des 19. Jh. eingeebnet, bis zur Fahr- und ehemaligen Landstraße vom Burrenhof nach Hülben nur noch als Bodenwelle sichtbar. Unmittelbar südöstlich der Fahrstraße liegt das 1906 von Hertlein angegrabene Tor F (s. S. 76) mit einer Hinweistafel. Die beachtlichen Ausmaße dieses klassischen Zangentores mit der 35 m langen Torgasse vermittelt ein Hohlweg, der zwischen den wallartigen Resten der Torwangen erhalten ist – erst recht, wenn man sich dazu die über 1 km schnurgerade die

Hochfläche querende Pfostenschlitzmauer mit dem breiten Graben vorstellt. Ein Rundblick zeigt zudem die überlegte Linienführung im Gelände: Diese fällt vor dem Wall mehr oder weniger stark ab und liegt dort fast durchweg tiefer als dahinter.

Vom Tor F sind es rund 200 m bis zum Burrenhof, der seinen Namen den hier einst zahlreichen „Burren", d.h. Grabhügeln, verdankt. Die östlich der Gastwirtschaft an der Straße nach Grabenstetten in der Wiese sichtbaren Hügel wurden nach ihrer Ausgrabung an alter Stelle wieder aufgeschüttet. Weitere liegen noch heute völlig verschleift nördlich der Straße (s. S. 40 Abb. 22). Eine Info-Tafel beim Parkplatz bietet einen Überblick.

Von Tor F zum Kaltental

Bereits wenige Meter jenseits von Tor F wachsen auf Wall und Graben wieder Bäume, weshalb sie auf etwa 200 m überwiegend gut erhalten sind, von einzelnen angegrabenen oder verfüllten Stellen sowie zwei Durchbrüchen für einen Fahr- und einen Fußweg abgesehen. Nach fast 500 m und einem leichten Knick ostwärts beim Fahrweg endet der Wall an einem steilen Abbruch in einen Ausläufer des Nordostastes des Kaltentals. Die muldenförmige, breite Sohle des Einschnittes senkt sich mit mäßigem Gefälle ins Kaltental und erweckt den Eindruck eines bequemen Zugangsweges. Eine Toranlage ist im Gelände mit bloßem Auge nicht, der von Müller postulierte, den Zugang sperrende Wallverlauf je nach Bewuchs nur unter Schwierigkeiten zu erkennen. Im angrenzenden Hochwald fällt dies leichter, wo sich die schmale Verebnungsfläche einer möglichen einstigen Hangkantenbefestigung wie ein Fußpfad hinzieht (s. S. 72 ff.). An der nun schroff abfallenden Nordseite des Nebentales biegt dieser Pfad nach Ostsüdost und läuft hart an der fast senkrecht abfallenden Wand entlang. Wer sich nicht trittsicher und frei von Höhenangst fühlt, sollte hier etwas nördlicher parallel am Waldrand entlanggehen. Nach 200 m stößt man im Wald auf die nordsüdlich verlaufende Westseite des Haupttales, deren Hangkante man weitere 150 m folgt. Beim Grenzstein mit

108 Tor F im Schnee, in südwestlicher Richtung auf Hülben zu gesehen. Die verflossenen Schenkelwälle des Zangentores mit der Torgasse in der Mitte lassen die einstigen Dimensionen der Anlage noch erahnen.

der Nummer 156 biegt der Pfad scharf rechts ab und führt den steilen, lehmigen Abhang hinunter auf die Forststraße durchs Kaltental, die hier am Hügelfels vorbeiführt. Wer dies nicht wagen will, muss mehrere hundert Meter weiter nach Norden ausweichen, eine flachere Stelle suchen und auf der Forststraße (die gut 0,5 km weiter nördlich auf die Landstraße Burrenhof-Grabenstetten trifft) wieder zurück.

Zur Elsachstadt

Der Hügelfels markiert den Beginn einer 2009 eingerichteten Kernzone des Biosphärengebiets Schwäbische Alb, in der die bis ins Pfählertal hinunterführende Forststraße als einzig freigegebener Weg nicht verlassen werden darf. Eine Hinweistafel informiert hierzu neben der Straße beim Hügelfels. Die Zone umfasst den Kopf des Kaltentales mit seinen Ausläufern sowie dessen Osthang bis fast zum Lenninger Täle, sodass der alte Verlauf des Rundwanderweges hier geändert wurde. Er verläuft nun oberhalb des Hügelfelsens der Talkante und der Markungsgrenze entlang, die hier (wie auch am Westrand der Elsachstadt über dem Kaltental, (s. S. 67 ff.), der wegartigen Verebnung knapp unterhalb der Hangschulter folgt, die wie erwähnt als Überrest einer leichteren Befestigung gilt. Nach gut 300 m, auf denen dieser „Weg" stellenweise aussetzt, erreicht man den Waldrand, diesem folgend nach weiteren knapp 300 m das Tor A im Wall der Elsachstadt und eine Info-Tafel zum Tor.

Der Elsachstadt-Wall mit Tor A

Auch dieses Zangentor wurde 1906 von Hertlein angegraben, der außerdem weiter östlich einen Wallschnitt anlegte (s. S. 68 ff.). Die „Zangen" oder Torwangen sind teilweise abgetragen und anscheinend auf etwa 20 m ver-

109 Der doppelte Graben des Elsachstadt-Walls ist zwischen Tor A und dem Parkplatz Seelenau noch sehr gut erkennbar.

110 Die Elsachstadt mit Blick nach Nordwesten. Am oberen Bildrand links der bewaldete Ausläufer des Kaltentals, an dem der Elsachstadt-Wall ansetzt und im Bogen auf den Betrachter zuläuft. Im Vordergrund die Uracher Steige, deren westlicher Talrand den Wall nach Süden fortsetzt. Links unten das Lauereck, unter der nach Nordosten vorspringenden Waldspitze liegt Tor D.

kürzt. Die beiden etwa 6 bis 7 m auseinanderliegenden, ca. 6 und 5 m breiten Gräben vor dem Wall sind ostwärts von Tor A am deutlichsten zu sehen. Auch der mit einigen Bäumen bewachsene Wall fällt in der offenen Feldflur nun wieder sehr auf, auch durch seine Höhe von bis etwa 3 m. Südwestlich von Tor A setzen der Wall und die beiden Gräben sich im Wald weniger augenfällig noch rund 100 m weit fort, ehe die Gräben in dem vom Kaltental heraufziehenden Talzipfel auslaufen und der Wall in eine schwächere Randbefestigung übergeht. Die Engstelle dieses Talausläufers, an der ihn ein Querwall absperrt, bevor er sich in zwei Zipfel teilt, liegt jetzt im Biosphären-Kerngebiet, ist aber auch nur schwach ausgeprägt. Dies gilt auch für die Randbefestigung, die in ihrem weiteren Verlauf das südliche, hinter dem Wall der Elsachstadt in deren Inneres führende Tälchen nochmals absperrte.

Gut 300 m östlich von Tor A durchbricht ein Wirtschaftsweg den Wall. Dies ist die am höchsten gelegene Stelle des Elsachstadt-Walles, von wo aus er sich von Tor A im Westen bis zu seinem Ende bei Tor C im Südosten überblicken lässt. Hier stehen auch zwei Info-Tafeln zu den beiden Besiedlungsphasen der Elsachstadt im

6./5. und 2./1. Jh. v. Chr. Vor dem Wall liegt der Parkplatz Seelenau an der Straße zwischen Burrenhof und Grabenstetten, von dem aus sich die Elsachstadt auf gut ausgebauten (aber nicht geteerten) Wirtschaftswegen erkunden lässt.

Tore B und C

Nicht ganz 300 m südsüdöstlich folgt Tor B, einst wohl auch ein Zangentor, dessen geringe Reste dicht bewaldet sind. 300 m weiter findet sich der nächste Durchbruch eines Wirtschaftsweges, dann zieht sich der Wall nochmals 250 m in merklichem Gefälle den Hang hinab zu Tor C. Gut sichtbar ist, wie hier sein Verlauf einen Geländerücken ausnutzt. Der Doppelgraben ist hier nur noch unter günstigen Bedingungen halbwegs zu sehen.

Durch Tor C, das nicht unumstritten ist (s. S. 70), zieht ein moderner Wirtschaftsweg, unter dessen Ausbau es wohl stark gelitten hat. Südlich davon ist der Wall zunächst noch als Geländestufe zu verfolgen, dann aber wiederum vom Wegebau betroffen, sodass sein restlicher Verlauf, hin zum Ostrand der hier von der Uracher Steige heraufziehenden Klinge, nur ungefähr abzuschätzen ist.

Der Westrand dieser Klinge bildet die Fortsetzung des Walles, Reste eines Randwalles sind aber kaum auszumachen. Man kann nun dem Wirtschaftsweg nach Süden ins Lauereck folgen, der nach rund 700 m den südlichsten Heidengraben, den Lauereck-Wall, an seinem Südende durchbricht. Folgt man hingegen weiter östlich der Hangkante, so entdeckt man mit etwas Glück an deren südöstlicher Nase, 250 m nordöstlich des Lauereck-Walles, den Einstieg eines nach Norden den Hang hinunterführenden Fußpfades, der unten allerdings im Graben der Straße nach Grabenstetten endet und dessen einstige Fortsetzung auf der anderen Straßenseite noch schwerer auffindbar erscheint. Dies könnte die Basis der Befestigung sein, die unterhalb des Spitzigen Felsle den zu Tor C hinaufziehenden Talausläufer sperrte (s. S. 74 f.).

Lauereckwall und Tor D

Dagegen ist der im Wald liegende Lauereck-Wall bei einer Höhe von bis zu etwa 3 m samt breitem Graben noch recht eindrucksvoll erhalten. Wendet man sich auf der großen Kreuzung nach dem breiten Walldurchbruch nach rechts bzw. Nordwesten, so befindet man sich auf der Feindseite des Walles mit dem Graben, an dem die Forststraße gut 200 m weit entlangführt. Kurz vor Tor D macht sie einen Schlenker nach Nordosten, um dem östlichsten Ausläufer des Lenninger Täle auszuweichen, und nimmt dabei erst den Graben und dann, diesen zerstörend, fast die ganze Breite des Walles ein. Das Tor blieb bislang verschont. An der scharfen Linkskurve der Forststraße steht eine Hinweistafel zu Tor D und zum Lauereck-Wall.

Die westliche Torwange besteht letztlich nur aus der Fortsetzung des niedrigen Walles, der die Kante des hinter der Tafel aufragenden Hanges verstärkt, nach Nordosten sowie dem in die gleiche Richtung umbiegenden Ende des Lauereck-Walles. Beide Schenkel ziehen sich rund 40 m trichterförmig am Rande eines kleinen Talausläufers hinauf zu einem am Ende nur wenige Meter breiten Durchlass. Die moderne Forststraße führt dagegen ins Lenninger Täle hinab und weiter ins Kalten- und Mariental.

Um den Spechtensteig

Der ab Tor D einzuschlagende Weg ist auf den folgenden knapp 800 m nicht als solcher angelegt, sondern besteht wiederum aus einem schmalen Terrassenband unterhalb der Hangschulter, dessen Begehbarkeit mit dem Bewuchs schwankt. Alternativ muss man den Weg zurück zu Tor C nehmen oder am Wald-

111 Blick nach Südwesten über Lauereck, Spechtensteig und das Lenninger Täle. Im Vordergrund ist unter den wenig belaubten Bäumen der Lauereckwall auszumachen, der vom Steilhang zur Uracher Steige (links unten) zum Tor D unter der Waldspitze halbrechts unten zieht. Im Hintergrund das Pfähler Tal.

rand entlang die 200 bis 300 m östlich und westlich verlaufenden Wirtschaftswege zu erreichen suchen, da der in Karten oft noch verzeichnete Fahrweg durch das Tor heute nur noch ein am Waldrand endender Fußweg ist.

Unser Pfad wendet sich gleich nach dem Tordurchlass scharf links nach Südwesten und folgt dem Randwall oberhalb der westlichen Torwange, der nach gut 200 m, dann nur noch als Verebnung, einen flachen Einschnitt quert. Als schmale Terrasse zieht er am Ostrand des Spechtensteigs nach Süden, schneidet seine äußerste Spitze ab und zieht am Westrand wieder nach Norden. Wo er die Nordspitze des Taleinschnittes umrundet, der den Spechtensteig hier nach Westen begrenzt, verläuft noch im Wald, wenige Meter weiter westlich, ein Wirtschaftsweg. Folgt man diesem nach Nordosten, erreicht man nach rund 700 m wieder Tor C.

Dieses Tor ist auch vom Tal aus erreichbar. Von der letzten Spitzkehre der Straße von Bad Urach nach Grabenstetten, in der die alte Straße als Parkplatz dient, führt ein Sträßchen zum Parkplatz beim Schießstand. An ihm vorbei weiter auf dem Fahrweg sind es keine 500 m mehr bis zum Tor C, das so als Ausgangspunkt

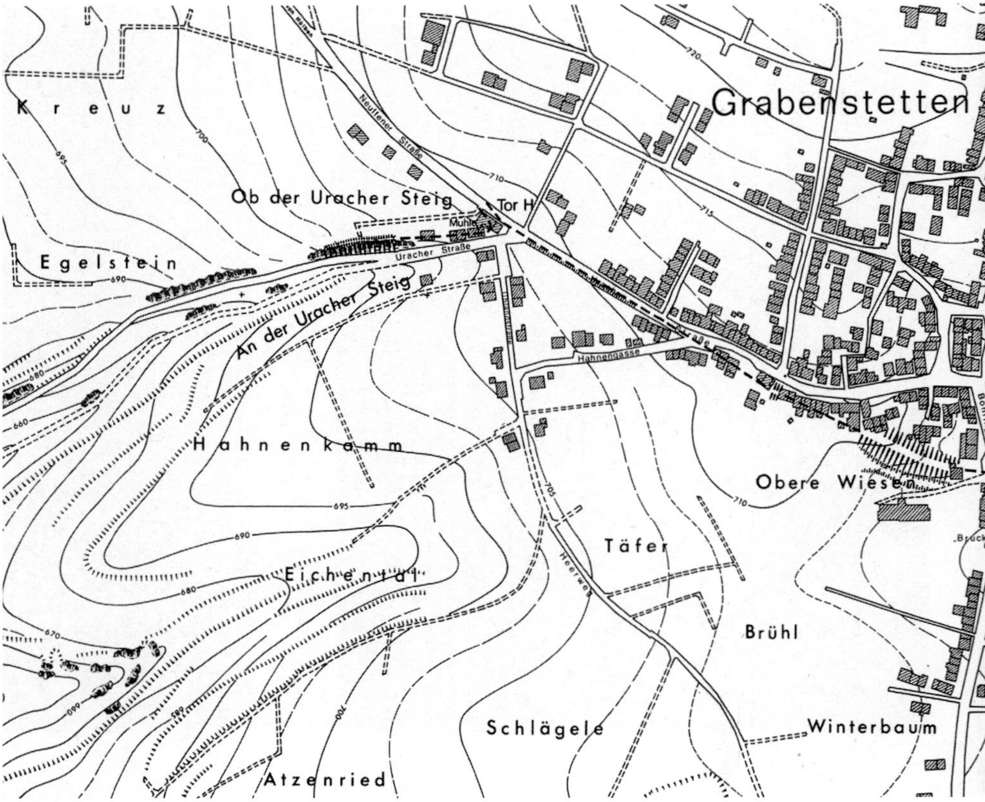

112 Der Wall durch Grabenstetten mit Tor H in seinem noch sichtbaren oder erschlossenen Verlauf.

für die oben beschriebene kleine Rundtour zum Heidengraben im Lauereck dienen kann.

Von Tor C erreicht man, entlang dem Wirtschaftsweg nach Osten an einem Aussiedlerhof vorbei, nach nicht ganz 800 m die vom Burrenhof her kommende Landstraße nach Grabenstetten. Ihr nach rechts bzw. Südosten folgend, steht man nach 400 m an der Einmündung der Uracher Steige am westlichen Ortsrand. Von dem hier gelegenen Tor H ist heute nichts mehr zu sehen (s. S. 138).

Zum Südwall und Tor E

Der Weg führt von hier halbrechts nach Süden in die Uhlandstraße und wieder aus dem Ort hinaus bis zu einer Weggabelung nach ca. 300 m. Die längere Variante führt nun rechts nach Südwesten und folgt dem Wirtschaftsweg etwa 2 km weit im Zickzack durch Feld und Wald, bis der Weg in beachtlicher Breite den südlichen Heidengraben durchbricht. Hält man sich an der Gabelung links bzw. östlich, erreicht man nach etwa 1 km die Mitte des Südwalles, wo ihn 100 m nach einem Parkplatz die Landstraße von Grabenstetten nach Böhringen durchschneidet. Beim Walldurchbruch steht eine Hinweistafel zum Heidengraben allgemein. Er rie-

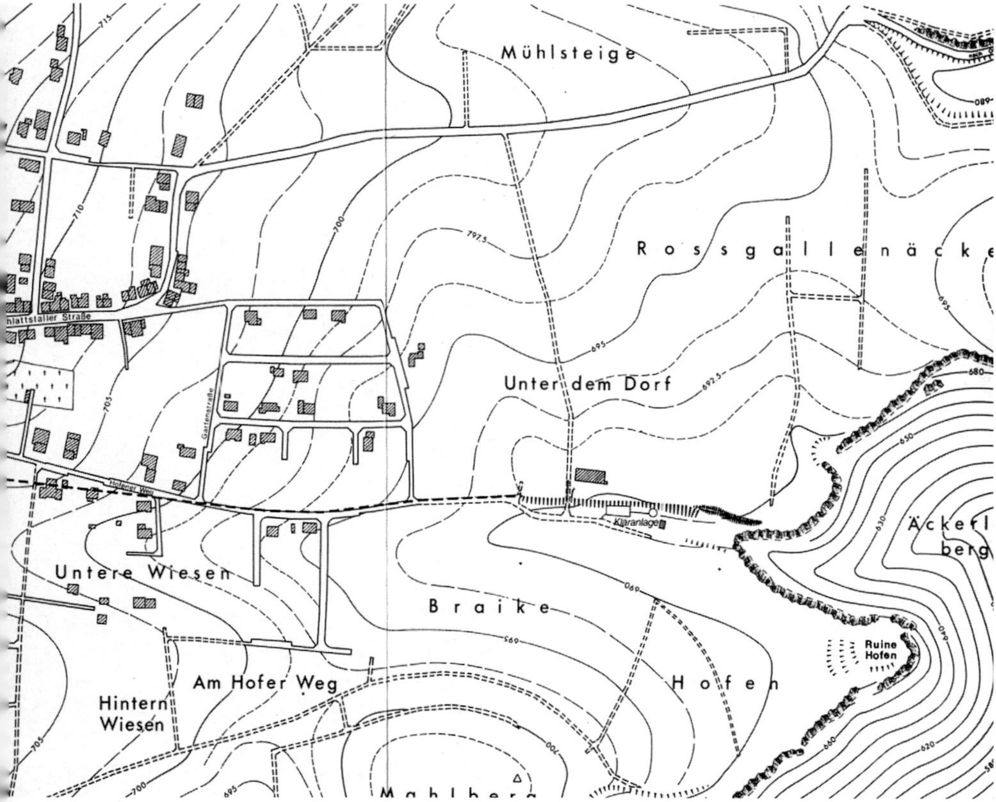

gelt hier die einzige, nur wenige hundert Meter breite Landbrücke ab, die direkt auf die Albhochfläche führt.

Der noch rund 3 m hoch erhaltene Wall zieht von der Straße gerade nach Westen. Der südlich vorgelagerte, heute recht flache Graben ist ungewöhnlich breit und schließt direkt an den Wall an, was untypisch ist und wohl auf Schanzarbeiten der frühen Neuzeit zurückgeht (s. S. 77), als man diese Stelle offensichtlich ebenfalls als Schlüsselposition erkannt hatte.

Rund 150 m westlich der Straße unterbricht das Zangentor E den Wall, zu dem hier eine weitere Hinweistafel steht. Während die östliche Torwange im Wiesengelände stark abgegraben und reduziert erscheint, liegt die Westseite bereits im Wald und ist viel besser und größer erhalten. Die Torgasse dürfte rund 20 m lang gewesen sein. Die feindseitige Toröffnung erscheint etwas verengt, vielleicht ebenfalls aufgrund der besagten Schanzarbeiten, denen möglicherweise auch die ungewöhnliche Höhe des nun anschließenden Wallabschnittes zuzuschreiben ist.

Denn von hier zieht der Wall im Wald, etwas nördlicher ausgerichtet, in beeindruckender Höhe nach Westen dem Taleinschnitt zu, der von dem Elsachtal und der Falkensteiner Höhle herkommt. Parallel zum Wall läuft vor dem Graben der Weg bergab, der bei Nässe recht matschig werden kann. Nach knapp 250 m ist der oben erwähnte Durchbruch des Wirtschaftsweges erreicht, kurz bevor das Ende des Walles, schon halb im Abhang zum Tal, auf einem Felsvorsprung endet.

Tor und Wall wurden noch nicht untersucht. Im offenen Westprofil des Wegedurchbruchs, der vor nicht allzulanger Zeit erfolgt sein kann, meint man die Steine der Mauerfront noch einige Lagen hoch erkennen zu können.

Zur Ruine Hofen

Östlich der Landstraße ist der Wall, auf dem Bäume wachsen, ebenfalls gut erhalten und zieht in etwa nordöstlicher Richtung am Nordrand des Ausläufers der Kleinen Schrecke entlang, oberhalb der er nach etwa 200 m langsam ausläuft. Der Weg verläuft erst südlich des Walles an einem Grillplatz vorbei in den Wald, wo man, sich links bzw. nördlich haltend, den in die Klinge auslaufenden Graben und den Wall quert, um dann teils im, teils am Wald dem Plateaurand nach Nordosten zu folgen. Nach knapp 1,3 km ab der Straße erreicht man die Ruine Hofen.

Der kleine Burgstall liegt auf einem Sporn, dessen Nord- und Ostseite senkrecht abfallen und denen man sich trotz des schönen Talblicks mit Vorsicht nähern sollte. Die beiden Abschnittsgräben sind im Gelände gut erkennbar, der den inneren überbrückende moderne Holzsteg fehlt. Von der Burg selbst ist wenig übrig, die gegen Westen stehenden Mauern und der Torbogen sind mit Ausnahme geringer Reste moderne Ergänzung ohne allzu viel historischen Bezug. Im Inneren der kleinen Anlage, das unter dem Eindruck der Flächen des Heidengrabens geradezu winzig wirkt, befindet sich eine Grillstelle. Am Weg, der von hier westwärts nach Grabenstetten führt, steht eine Hinweistafel zur Burg.

113 Der Heidengraben südlich von Grabenstetten mit Blick nach Westen. Unten der Auslauf der Kleinen Schrecke, am Waldrand Tor E und im Hintergrund das Tal der Elsach.

Der Wall in Grabenstetten

Unter den Bäumen nördlich des Weges verbirgt sich die hier noch schroff abfallende Hofener Schlucht. 150 m weiter ist sie aber seicht genug, dass man sie bzw. den in sie auslaufenden Graben durchqueren und den dahinter unter dem Waldrand liegenden Wall ersteigen kann. Er setzt ein, wo die Schlucht jählings abstürzt, und ist als nicht allzu hoher Randwall auf den ersten 50, 60 m im Wald noch gut erhalten, bevor er als Geländestufe eine neue Gewerbeansiedlung begrenzt. Der Weg endet wie Wall und Schlucht bei einem Parkplatz am Regenrückhaltebecken, das man im Süden umgeht, um schließlich auf den Hofener Weg zu treffen. Folgt man ihm nach Westen in den Ort hinein, verläuft rechter Hand der Wall, nur selten als Absatz im Gelände wahrnehmbar, etwa 350 m entlang der Nordseite des Hofener Wegs. Etwa auf Höhe der Gartenstraße wechselt er auf die Südseite und ist in der Folge wiederum gelegentlich als Geländestufe in Gärten oder Seitenstraßen wie Vogeltalstraße und Kindergartenweg zu erahnen. Deutlich wird, wie der Wallverlauf den Nordhang der früher meist feuchten Senke ausnutzt, die in die Hofener Schlucht ausläuft und in der heute Kläranlage und Regenrückhaltebecken liegen. Kurz bevor der Hofener Weg in die Böhringer Straße mündet (die als Durchgangsstraße nach Süden wieder auf den Südwall bei Tor E trifft), liegt rechter Hand ein weiterer Parkplatz.

Das Grabenstettener Rathaus steht jenseits der Böhringer Straße mitten auf dem Wall, der dahinter auf rund 80 m Länge zwar verflacht, aber noch sichtbar weiter nach Westen zieht. Gleich nördlich der Einmündung des Hofener Weges liegt das kleine Keltenmuseum Heidengraben, das einen kompakten Überblick sowie Originalfunde aus dem Oppidum und aus den Grabhügeln beim Burrenhof bietet (s. S. 141).

Der Böhringer Straße bis zur Kreuzung und dann, weiter der Hauptstraße nach, der Uracher

114 Erkenbrechtsweiler (links) und die Bassgeige (rechts) in westlicher Richtung gesehen, mit der Kuppe des Beurener Bergs an ihrem westlichen Ende. Der spätkeltische wie der wohl mittelalterliche Wall nutzen beide die Engstelle in der Bildmitte. Im Hintergrund liegt rechts unterhalb des Hohenneuffen Beuren im Tal.

Straße westwärts folgend, erreicht man nach knapp 600 m wieder den Abzweig der Uracher Steige, wo einst Tor H lag. Der Wallverlauf liegt hier unter der heutigen Straße, deren Südseite merklich abfällt. Seine Fortsetzung auf der Neuffener Straße nach Westen bildete die eine Torwange. Das Gegenstück, als Pfostenschlitzmauer beim Bau eines Hauses auf der Nordseite der Uracher Steige beobachtet, bog unter dem Mühlengebäude im Zwickel zwischen Uracher und Neuffener Straße in spitzem Winkel nach Nordwesten um, parallel zum Grabenstettener Wall. Die Ecke war offenbar, wie schon von Hertlein bei Tor A beobachtet, abgerundet ausgeführt, sodass man sie zunächst für ein Stück Brunnenschacht hielt. Nähere Angaben fehlen leider.

Der Weg folgt nun für 300 m der Neuffener Straße nach Nordwesten, bis zum Abzweig des Heerwegs nach Norden. Über ihn informiert hier eine Hinweistafel.

Auf dem Heerweg

Er führt als geteerter Wirtschaftsweg gen Nordnordwesten durch Felder und ein Waldstück Richtung Erkenbrechtsweiler. Nach 2,7 km und etwa 350 m hinter dem Waldstück kreuzt ein Wirtschaftsweg. Bei trockenem Wetter kann man erst rechts und gleich wieder links in einen Feldweg einbiegen oder andernfalls dem Teersträßchen weiter bis kurz vor dem Aussiedlerhof folgen, wo rechts ein Wirtschaftsweg abgeht. Nach 200 m treffen sich beide Wege wieder und folgen dem Wirtschaftsweg, der nach 150 m auf eine Wohnstraße trifft. Man hält sich rechts Richtung Osten, überquert die Landstraße Erkenbrechtsweiler-Hochwang und passiert den Sportplatz, wo sich der Weg gabelt. Rechts befindet sich ein Parkplatz. Der Weg führt nach links, an der Einmündung nach gut 250 m nach rechts und folgt dann dem Plateaurand in nordwestlicher Richtung. Nach rund 700 m hat man den keltischen Heidengraben bei Erkenbrechtsweiler erreicht.

Der keltische Nordwall mit Tor G

Wo der Weg dessen östliches Ende hart am Steilhang durchschneidet, bemerkt man die Häufung von Steinen im Weg, die aus der einstigen Mauerfront stammen. Der Wall selbst ist zwar verflacht, aber deutlich sichtbar und hat von der nördlichen, der Feindseite aus eine immer noch merkliche Höhe. Nach 50 m steht man vor dem nach der Ausgrabung von 1981 teilrekonstruierten Tor G mit seinen trichterförmig auf den Tordurchlass zulaufenden Torwangen, das somit kein klassisches Zangentor darstellt. Es nimmt offenbar Bezug auf die nicht weit vor dem Tor mündenden Aufwege aus dem Lautertal, dessen nördlicher sich durch seine Hohlwegform als einst viel benutzter Altweg zu erkennen gibt. Eine Hinweistafel bietet weitere Informationen.

Zum Brucker und zum Beurener Fels

Der Fußweg zum Brucker Fels folgt in nordöstlicher Richtung dem Rand der Hochfläche, vorbei am vielleicht mittelalterlichen Heidengraben (s. S. 122 f.) in den Wald. Hier sind die Forstwege zahlreich und nicht beschildert, sodass man sich besser an den Randweg hält, der nach etwa 1,2 km den Aussichtspunkt am Brucker Fels erreicht. Hier geben Mauerreste zweier offenbar turmähnlicher Gebäude Rätsel auf, wie eine Hinweistafel erklärt (s. S. 124). Während der südlichere, größere Grundriss noch ins Auge fällt, kann man leicht über den nördlicheren kurz vor der Spitze laufen, ohne ihn zu bemerken.

Von hier hangelt man sich nun westwärts im Wald am Albtrauf entlang, bis man nach etwa 1,4 km auf dem forstwegbreiten Grat steht, der

115 Tor G im spätkeltischen Heidengraben nördlich von Erkenbrechtsweiler wurde nach den Ergebnissen der Ausgrabungen von 1981 teilrekonstruiert.

zum Beurener Berg führt. Eine Hinweistafel erklärt die beiden Halsgräben und den Wall, die diese wohl mittelalterliche Abschnittsbefestigung sicherten. Der Beurener Fels an der Spitze des Bergvorsprungs bietet weite Ausblicke über das Tal und zum Hohenneuffen.

Mauerreste am Burghörnle

Auf dem Rückweg muss man aufpassen, um den Einstieg in den Fußpfad nicht zu verfehlen, der unmittelbar nach dem Grat rechter Hand der Hangkante nach Südosten folgt. Der Weg ist steil, schmal und wenig begangen.

Die ominösen Mauerreste am Burghörnle beginnen nach gut 120 m und sind im Gelände nur noch als mit Altlaub gefüllte Vertiefungen zu erkennen. Die Hinweistafel findet sich an ihrer Südseite nach rund 200 m (s. S. 123 ff.).

Der mittelalterliche (?) Heidengraben

Der Pfad folgt weiterhin der Hangkante bis zum Waldrand und endet an der Wiese oder dem Feld, an deren Rand entlang man schließlich nach knapp 700 m wieder am nördlichen der beiden Heidengräben anlangt und ihm nach Osten folgt, bis man nach 100 m auf das Teersträßchen vom Burghörnle trifft. Wo es den dicht mit Gesträuch überwucherten Wall durchschneidet, steht die Hinweistafel zu diesem rätselhaften und kaum erforschten Bauwerk, das die früher „Auf der Burg" und heute meist „Bassgeige" genannte Berghalbinsel gegen die Hochfläche abschirmt (s. S. 122 f.).

Gleich südlich des Walles beginnt ein langgezogener Wanderparkplatz, der sich nach Süden bis zum keltischen Wall erstreckt. Zu diesem findet sich dort eine weitere Hinweistafel. Er ist hier stark verflacht, der Graben kaum noch zu ahnen.

Über Erkenbrechtsweiler zum Hohenneuffen

Der Weg quert nun die Landstraße von Erkenbrechtsweiler nach Beuren und führt auf dem Burgweg in den Ort, wo man nach 500 m an der Kreuzung nach rechts auf der Oberen Straße in westlicher Richtung geht. Nach knapp 400 m zweigt ein Wirtschaftsweg nach Westen Richtung Albtrauf ab, den er nach 350 m erreicht. Der Weg folgt nun dem Zickzack des Plateaurands, vorbei an Marienfels und Wilhelmsfels, der wiederum einen guten Ausblick ins Tal und zum Hohenneuffen bietet. Nach einer Strecke von rund 2,3 km sind die Parkplätze beim Hohenneuffen erreicht.

Am Südrand der Parkplätze, wo der Weg zum Heidengraben beim Burrenhof beginnt, steht eine der Hinweistafeln zum Heidengraben allgemein.

Zurück zum Burrenhof

Von hier folgt der Wanderweg dem Albtrauf nach Süden. Nach gut 250 m führt ein kurzer Stich nach Osten zur „Schanze", einer viereckigen Redoute des 18. Jh. auf der beherrschenden Höhe zur Sicherung der Zufahrt zum Hohenneuffen (s. S. 122). Zurück auf dem Weg, passiert man kurz danach die Molach, ein kleines Maar über einem Vulkanschlot. Nach insgesamt etwa 1,8 km wird das zu Beginn beschriebene Nordwestende des Heidengraben beim Burrenhof erreicht, wenig später der Parkplatz Hochholz.

Rund um den Heidengraben – Museen, Naturdenkmäler und Freizeittipps

Museen mit Funden von Burrenhof und Heidengraben

Keltenmuseum am Heidengraben

Museum in der Ortsmitte von Grabenstetten. In zwei Räumen wird die Geschichte des Gräberfelds Burrenhof, der früheisenzeitlichen Siedlung und des spätkeltischen Oppidums thematisiert. Zu sehen gibt es Fundstücke von der späten Bronzezeit bis in spätkeltische Zeit, zum Ende des Oppidums gibt es eine Hörstation und für Kinder eine keltische Drehmühle. Das Museum ist familienfreundlich und barrierefrei.

Öffnungszeiten: Mai bis Oktober Sonntags 14–17 Uhr. Führungen nach Absprache möglich.

Kontakt: Förderverein Heidengraben e.V., Böhringer Straße 7, 72582 Grabenstetten; Tel. 07382/387 oder 07382/936816; kontakt@kelten-heidengraben.de; www.kelten-heidengraben.de.

Landesmuseum Württemberg

In der Ausstellung „LegendäreMeisterWerke" sind neben bedeutenden Exponaten von der Altsteinzeit bis ins frühe 20. Jh. auch einige der wichtigsten Exponate vom Heidengraben zu sehen. Dazu gehören das Bronzegehänge vom Hohenneuffen, das bemalte Hochhalsgefäß und eine einzigartige Bronzefibel vom Burrenhof sowie Fragmente von Waffen und Bronzegefäßen aus dem Oppidum und die beiden figürlich und plastisch gestalteten Achsnägel.

Das Kindermuseum „Junges Schloss" bietet auch jungen Besuchern mit kindgerechten Aktivitäten viel Spaß.

Öffnungszeiten: Altes Schloss und Fruchtkasten Di bis So und Fei 10–17 Uhr; Öffentliche Führungen finden regelmäßig statt. Die Termine sind auf der Homepage abrufbar. Darüber hinaus sind Gruppen- oder Themenführungen auch für Kinder individuell buchbar.

Kontakt: Altes Schloss, Schillerplatz 6, 70173 Stuttgart; Tel. 0711/89535111, Fax 0711/89535444; info@landesmuseum-stuttgart.de; www.landesmuseum-stuttgart.de.

Kirchheim – Städtisches Museum im Kornhaus

Das städtische Museum Kirchheim unter Teck zeigt im Kornhaus auf drei Etagen Sehenswertes zur Landschaft und Geologie sowie zur lokalen Geschichte, v.a. der Vor- und Frühgeschichte von der Steinzeit über die Kelten und Römer bis zu den Alamannen. Zu sehen sind dort auch Funde vom Heidengraben und ein Modell. Das Museum bietet zusammen mit dem Arbeitskreis Museumspädagogik ein Programm für Kinder und Jugendliche an.

Öffnungszeiten: Di 14–17 Uhr, Mi-Fr 10–12 u. 14–17 Uhr, Sa, So u. Fei 11–17 Uhr, Karfreitag, Ostersonntag , Hl. Abend, 1. Weihnachtsfeiertag, Silvester und Neujahr geschlossen. Für Gruppen nach Voranmeldung auch außerhalb der Öffnungszeiten.

Kontakt: Städtisches Museum im Kornhaus, Max-Eyth-Str. 19, Kirchheim; Tel. 07021/502377; www.kirchheim-teck.de.

Museum Schloss Hohentübingen

Im Museum der Universität auf Schloss Hohentübingen sind unter vielen anderen Exponaten auch Funde vom Heidengraben ausgestellt. Das Museum wurde 2012 neu eröffnet und bietet neben den Dauerausstellungen auch immer wieder Sonderausstellungen, in denen die einzelnen archäologischen Institute über ihre Arbeit, wichtige Neufunde und aktuelle Forschungsergebnisse berichten. Neben Vorträgen und Sonderführungen bietet man dort auch ein breites Programm für Kinder und Jugendliche an.

Öffnungszeiten: Mi–So 10–17 Uhr, Do 10–19 Uhr. Führungen sind auf Anfrage auch außerhalb der Öffnungszeiten möglich.

Kontakt: MUT/Alte Kulturen/Sammlungen im Schloss Hohentübingen, Burgsteige 11, 72070 Tübingen; Tel. 07071/2977384; www.uni-tuebingen.de.

Weitere Museen auf dem Heidengraben

Schulmuseum Hülben

Im Alten Schulhaus Dettinger Straße 19 ist in einem ausgedienten Klassenzimmer das Hülbener Schulmuseum untergebracht. Neben Schulbänken sind Schulranzen, zahlreiche Schulbücher und Landkarten, Projektoren und weitere technische Geräte ausgestellt.

Kontakt: Herr Günther Schwenkel, Hagstraße 8, 72584 Hülben; Tel. 07125/5228; info@huelben.de.

Ölmühle Hülben

In Hülben befindet sich die letzte traditionelle Ölmühle der Schwäbischen Alb. Bei einer Führung erfährt man viel über die traditionelle Ölherstellung und die Bedeutung des Öls unter anderem für die gesundheitsbewusste Ernährung. Darüber hinaus verfügt das Haus über eine behagliche Heimatstube sowie ein Ölmühle-Lädle.

Öffnungszeiten: Di u. Do 9–12 u. 14.30–17 Uhr, Sa 9-12 Uhr od. nach tel. Vereinbarung.

Kontakt: Haus Ölmühle, H. Röcker GbR, Lerchenstr. 38, 72584-Hülben; Tel. 07125/5431; oelmuehle@grmail.de.

Höhlen und Naturdenkmäler

Falkensteiner Höhle

Die Falkensteiner Höhle auf der Gemarkung Grabenstetten ist mit ca. 5 km eine der längsten Höhlen der Schwäbischen Alb. Als Ausgangspunkt für den Besuch dient der Parkplatz an der Landesstraße L 211 zwischen Grabenstetten und Bad Urach. Nur wenige Schritte nach dem Parkplatz befinden sich auf einer großen Wiese zwei Feuerstellen und ein kleiner Teich mit winzigem Quellbach. An der Wiese entlang fließt die Elsach, deren Wasser aus der Falkensteiner Höhle kommt. Etwa 400 m vom Grillplatz entfernt erreicht man ihr imposantes Felsenportal. Da sie Wasser führt, ist die Befahrung gefährlich und nur erfahrenen Höhlenbegehern vorbehalten! Mit Kindern und ohne die richtige Ausrüstung ist vom Eindringen in die Höhle dringend abzuraten! Beim Parkplatz gibt es eine Notrufsäule.

Infos unter: ARGE Höhle & Karst Grabenstetten e.V., Fritz Mammel, Ringstraße 129, 89081 Ulm; info@arge-grabenstetten.de.

Gustav-Jakob-Höhle

Über schmale Waldpfade gelangt man von der Ruine Hofen zur längsten auf der schwäbischen Alb bekannten Durchgangshöhle, der Gustav-Jakob-Höhle. Bei entsprechender Vorsicht kann die Höhle von Kindern mit erwachsener Begleitung besucht werden. Vorsicht ist auch auf den Waldpfaden geboten, die u.a. nach starkem Regen, am Steilhang gelegen, gefährlich rutschig sein können! Die Höhle ist zum Schutz der Fledermäuse während ihres

Winterschlafs von 15. November bis 15. April verschlossen.

Infos unter: ARGE Höhle & Karst Grabenstetten e.V., Fritz Mammel, Ringstraße 129, 89081 Ulm; info@arge-grabenstetten.de.

Hülbener Tropfsteinhöhe

Beim Ausbau der L 250 wurde 1978 am Ortseingang Hülben aus Richtung Bad Urach kommend eine Tropfsteinhöhle entdeckt, die sich direkt unter der Straße befindet. Oberhalb des Gebäudes „An der Steige 10" wurde ein 5 m tiefer Einstiegsschacht errichtet. Die kleine Tropfsteinhöhle besitzt gerade einmal Zimmergröße. Sie kann nur unter Aufsicht der Höhlenforschungsgruppe Nürtingen zu bestimmten Terminen, wie beispielsweise am alljährlichen „Tag des offenen Denkmals", besichtigt werden.

Kesselfinkenloch

Das Kesselfinkenloch liegt als 15 m tiefer Höhleneinsturz mit Naturbrücke an der Hangkante der Hochfläche. Man erreicht es von der Straße Unterlenningen–Erkenbrechtsweiler aus. Unmittelbar südlich des Erkenbrechtsweiler Stadtteils Hochwang befindet sich am Albtrauf ein Parkplatz. Von dort ist das Kesselfinkenloch mit 0,5 km Entfernung ausgeschildert. Im Herbst und Frühling genießt man von dort eine unversperrte Aussicht auf Lenningen. Der Weg ist kinderwagentauglich, aber mit Kleinkindern ist Vorsicht geboten, da Absturzgefahr besteht!

Schreckenfels

Der Schreckenfels hat die Form einer Felsnase und bietet einen großartigen Ausblick. Dorthin gelangt man am einfachsten vom Parkplatz am Heidengraben, Böhringer Straße. Hier befindet sich am Waldrand auch eine Grillstelle. Geht man an der Abzweigung bei der Feuerstelle nicht zum Schreckenfels rechts, sondern nach links, so kann man am Malberg direkt am Albtrauf entlang bis zur Ruine Hofen wandern. Beide Wege sind nicht kinderwagentauglich, können aber von Schulkindern begangen werden. Trotzdem ist Vorsicht geboten, da Absturzgefahr besteht!

Konradfels

Der Konradfels befindet sich am Nordrand der Schwäbischen Alb im Tal der Lenninger Lauter südöstlich von Oberlenningen, etwa 50 Höhenmeter unterhalb des Albtraufs. Als herausragender, isolierter Fels aus Vulkangestein gehört er zu den besonders eindrucksvollen Zeugnissen des Schwäbischen Vulkanismus. Es handelt sich um einen ehemaligen Schlotstiel, der als Felsnadel aus dem Oberjura herauspräpariert wurde. Da der Vulkantuff des Felsens u. a. magnetische Mineralien enthält, ist es lohnenswert, einen Kompass mitzunehmen um die Fehlweisung zu messen.

Von der Albhochfläche her kann man den Konradfelsen von einem Parkplatz an der Straße Unterlenningen–Erkenbrechtsweiler nach 2,5 km vom Albtrauf aus erreichen. Ebenso führt von Grabenstetten der Wanderweg nach Oberlenningen am Konradfels vorbei. Der schmale Waldpfad den Hang hinunter kann von Schulkindern gut begangen werden

Feuchtgebiet im Gsait

Das Feuchtbiotop „Gsait" bei Grabenstetten ist einem ehemaligen Vulkanschlot zu verdanken. Die wasserundurchlässige Basaltschicht verhindert ein Versickern des Wassers. In der ersten Hälfte des letzten Jahrhunderts hat man Drainagen verlegt und das Gebiet landwirtschaftlich erschlossen. Seit Ende des vergangenen Jahrhunderts wurden im Gebiet „Gsait" mehrere kleine Teiche angelegt und das Naturschutzgebiet erweitert. Flora und Fauna beeindrucken hier durch ihre Artenvielfalt.

Die Molach

Die „Molach“ von Erkenbrechtsweiler ist ein Naturdenkmal in Form eines sehr kleinen, versiegelten und mit Wasser gefüllten Vulkanschlotes. Heute als Biotop ausgeschrieben, ist die Molach als ruhiges Ausflugsziel einen Besuch wert.

Weitere Freizeittipps

Spielplatz „Dürrlau“

Ca. 500 m außerhalb von Hülben liegt mitten im Grünen der Spielplatz „Dürrlau“. Viele Geräte und Klettermöglichkeiten laden zum Verweilen mit Kindern ein. Außerdem gibt es eine Grillstelle auf dem Gelände.

Astro-Lehrpfad

Der Astropfad, von der Astronomischen Vereinigung Nürtingen und von der Gemeinde Erkenbrechtsweiler eingerichtet, beginnt bei der Sonnenuhr am Parkplatz Hochholz. Interessierte Wanderer können hier anhand verschiedener Verkleinerungsmodelle erkunden, wie unvorstellbar groß das Universum ist.

Begleitbuch zum Lehrpfad: Astronomische Vereinigung Nürtingen AVN, Birkenweg 7, 72622 Nürtingen; Tel. 07022/33678; Fax 07022/31408; Rathaus Erkenbrechtsweiler, Uracher Str. 2, 73268 Erkenbrechtsweiler, Gasthaus Burrenhof.

Informationsquellen

www.grabenstetten.de
www.huelben.de
www.erkenbrechtsweiler.de
www.heidengraben.com
www.alb-magazin.com
www.biosphaerengebiet-alb.de
www.mythos-schwaebische-alb.de
www.kelten-heidengraben.de

Literatur

Allgemeines zu Kelten und Oppida

D. Ade/A. Willmy, Die Kelten (2. Aufl. Stuttgart 2012).

D. Ade/Th. Hoppe/A. Willmy, Bronzezeit und Eisenzeit. In: LegendäreMeisterWerke. Kulturgeschichte(n) aus Württemberg (Stuttgart 2012) 49–80.

K. Bittel/W. Kimmig/S. Schiek (Hrsg.), Die Kelten in Baden-Württemberg (Stuttgart 1981).

M. Kuckenburg, Die Kelten in Mitteleuropa (Stuttgart 2004).

F. Müller, Kunst der Kelten, 700 v. Chr.–700 n. Chr. (Bern 2009).

S. Rieckhoff/J. Biel, Die Kelten in Deutschland (Stuttgart 2001).

S. Rieckhoff/St. Fichtl, Keltenstädte aus der Luft. Sonderheft 2011 PLUS der Zeitschrift „Archäologie in Deutschland" (Stuttgart 2011).

F. Fischer, Süddeutschland im letzten Jahrhundert vor Christi Geburt. Anmerkungen zum Forschungsstand der Spätlatènezeit. In: D. Planck (Hrsg.), Archäologie in Württemberg (Stuttgart 1988) 235–250.

Ausgewählte Literatur zum Heidengraben

I. Balzer, Das Tor G des Oppidums Heidengraben bei Grabenstetten: Die Grabungen 1976 und 1981. Fundber. Baden-Württemberg 22/1, 1998, 295–376.

F. Fischer, Der Heidengraben bei Grabenstetten. Ein keltisches Oppidum auf der Schwäbischen Alb. Führer Arch. Denkmäler Baden-Württemberg 2 (Stuttgart 1982), 3. Auflage.

Th. Knopf, Der „Heidengraben" bei Grabenstetten. Archäologische Untersuchungen zur Besiedlungsgeschichte. Universitätsforsch. Prähist. Arch. 141 (Bonn 2006).

Allgemeine Literatur zur Region

J. Biel, Vorgeschichtliche Höhensiedlungen in Südwürttemberg und Hohenzollern. Forsch. u. Ber. Vor- u. Frühgesch. Baden-Württemberg 24 (Stuttgart 1987) 163 Nr. 13; 173 Nr. 17 (Neuffen, Barnberghöhle); 191 Nr. 47 (Hohenneuffen).

Der Landkreis Esslingen. Baden-Württemberg in seinen Kreisen (Hrsg. Landesarchiv Baden-Württemberg in Verbindung mit dem Landkreis Esslingen (Ostfildern 2009) 32 (Burg Hohenneuffen); 416–428 (Erkenbrechtsweiler).

Der Landkreis Reutlingen, Kreisbeschreibungen des Landes Baden-Württemberg, Bd. I (Sigmaringen 1997) 699–717 (Grabenstetten); 858–879 (Hülben).

P. Goeßler/F. Hertlein, Aus der Frühzeit des Nürtinger Bezirks (Stuttgart 1924).

Grabenstetten in vergangenen Tagen, Hrsg. Genossenschaftsbank Grabenstetten 1982.

Hülben. Ein Gang durch die Geschichte (Hülben 1987).

C. Oeftiger, Katalog der vor- und frühgeschichtlichen Fundstellen. In: Der Landkreis Reutlingen. Kreisbeschreibungen des Landes Baden-Württemberg (Sigmaringen 1997) Gesamtregister 19 ff. (Grabenstetten); 27 (Hülben).

A. Rieth, Vorgeschichte der Schwäbischen Alb unter besonderer Berücksichtigung des Fundbestandes der Mittleren Alb. Mannus-Bücherei 61 (Leipzig 1938).

A. Schicketanz, Die Chronik von Erkenbrechtsweiler (Erkenbrechtsweiler 1984).

H. Zürn, Die vor- und frühgeschichtlichen Geländedenkmale und die mittelalterlichen Burgstellen des Stadtkreises Stuttgart und der Kreise Böblingen, Esslingen und Nürtingen. Veröff. Staatl. Amt Denkmalpfl. Stuttgart A1 (1956) 30 f.

Die Kelten (S. 12)

J. Collis, The Celts. Origins, Myths and Inventions. Tempus (Stroud 2006).

M. Fernández-Götz/G. Ruiz Zapatero, Die „Kelten" im Spannungsfeld von wissenschaftlicher Forschung und populärer Rezeption. In: R. Karl/J. Leskovar (Hrsg.), Interpretierte Eisenzeiten 4. Die erfundenen Kelten – Mythologie eines Begriffes und seine Verwendung in Archäologie, Tourismus und Esoterik (Linz im Druck).

S. James, The Atlantic Celts. Ancient People or Modern Invention? (London 1999).

S. Jones, The Archaeology of Ethnicity. Constructing identities in the past and present (London/New York 1997).

A. Lund, Die ersten Germanen. Ethnizität und Ethnogenese (Heidelberg 1998).

S. Rieckhoff, Die Erfindung der Kelten. In: R. Karl/J. Leskovar (Hrsg.), Interpretierte Eisenzeiten. Fallstudien, Methoden, Theorie (Linz 2007) 23–39.

„Droben auf dem Berge ..." (S. 19)

O. F. Geyer/M. P. Gwinner, Geologie von Baden-Württemberg (4. Aufl. Stuttgart 1991).

G. Stegmaier/J. Wahr, Zu den geoökologischen Rahmenbedingungen für die prähistorische Besiedlung des Heidengrabens und der Vorderen Alb. Fundber. Baden-Württemberg 30, 2009, 125–134.

Forschungsgeschichte (S. 23)

K. Bittel, Das keltische Oppidum bei Finsterlohr. Württembergisch Franken N.F. 24/25, 1949/50 (1950) 69–86, Abb. 5 (Heidengraben südlich von Grabenstetten).

P. Braun/S. Wetzel, Der Heidengraben in Grabenstetten. Württembergische Vierteljahresh. Landesgesch. N.F. 13, 1904, 345–373.

F. Brunecker (Hrsg.), Rulaman der Steinzeitheld (Biberach 2003).

Das Königreich Württemberg (1863) 860 (unter Erkenbrechtsweiler), 881 (unter Grabenstetten).

W. Dehn, Die gallischen „Oppida" bei Cäsar. Saalburg-Jahrbuch 10, 1951, 36–49.

W. Dehn, Einige Bemerkungen zum „Murus Gallicus". Germania 38, 1960, 43–55, zum Heidengraben besonders S. 49 (Nachtrag: Germania 47, 1969, S. 165–168).

T. D. [Theodor Drück], Der Heidengraben bei Grabenstetten und Erkenbrechtsweiler. Schwäbische Kronik Nr. 72 vom 26.3.1890, 579f.

Fundber. Schwaben 22–24, 1914–1916, 15f. (Funde bei Tor B u.a.; Nauheimer Fibel aus der Falkensteiner Höhle).

Fundber. Schwaben N.F. 16, 1962, S. 242f. (Funde und Durchstich des Heidengrabens beim Burrenhof).

H. Schäfer, Die neuentdeckte Heidengrabenlinie am Südrand des Dorfes Grabenstetten. Bl. Schwäb. Albver. 81, 1975, 137–139.

P. Goessler, Neues von der Ringwallforschung in Württemberg. Korrespondenzbl. Dt. Ges. Anthr., Ethnologie u. Urgesch. 39, 1908, 130–132.

P. Goessler, in: Beschreibung des Oberamts Urach (1909) 136–147 (Grabhügel beim Burrenhof, zum Heidengraben 141 Anm. 4; 156f. (Heidengraben).

M. Gratianus, Ueber den Heidengraben bey Grabenstetten. Württembergische Jahrb. 1824, 414–419.

F. Hertlein, Die gallische Stadt südlich vom Neuffen. Bl. Schwäb. Albver. 17, 1905, Sp. 371–390 (mit Abb. früher gemachter Funde).

F. Hertlein, Die Ergebnisse der Albvereinsgrabung. Bl. Schwäb. Albver. 18, 1906, Sp. 353–362 (siehe auch Fundber. Schwaben 14, 1906, 6f. und Nachtrag ebd. 93).

F. Hertlein, Von der gallischen Stadt auf Markung Grabenstetten. Bl. Schwäb. Albver. 21, 1909, Sp. 223–230 (siehe auch Fundber. Schwaben 16, 1908, 25).

J. Leichtlen, Schwaben unter den Römern (1825) 56f.

J. D. G. Memminger, Beschreibung des Oberamts Urach (1831) 14.

E. Nägele, in: Bl. Schwäb. Albver. 17,1905, Sp. 76 (Kritik der Arbeit Braun/Wetzel 1904 in einer redaktionellen Anmerkung zu: Bezner, Um Erkenbrechtsweiler, Sp. 73–80).

E. Nägele, Albvereinsforschungen am Heidengraben südöstlich vom Hohenneuffen. Bl. Schwäb. Albver. 18, 1906, Sp. 351–353.

O. Paret, Württemberg in Vor- und frühgeschichtlicher Zeit. Veröff. Komm. Gesch. Landeskd. Baden-Württemberg B17 (1961) 259; 303f.

E. Paulus (d. Ä.), in: Beschreibung des Oberamts Nürtingen (1848) 108f.

E. Paulus (d. J.), in: Das Königreich Württemberg 1 (1882) 120f.

P. Reinecke, Spätkeltische Oppida im rechtsrheinischen Bayern. Der Bayerische Vorgeschichtsfreund 9, 1930, 52.

Ch. F. Sattler, Historische Beschreibung des Herzogthums Württemberg (1752, Nachdruck 1948, danach Zitat) 94 (unter Amt Neuffen).

H. Schreiber, Taschenbuch für Geschichte und Alterthum in Süddeutschland 3, 1841, 218–227, besonders 225 mit Taf. I b.

Major z. D. J. Steiner, Der Heidengraben. Fundber. Schwaben 1, 1893, 27–34.

W. Veeck, in: Fundber. Schwaben N. F. 2, 1924, 17 f. (Bericht über die Ausgrabung im Westen der Eisachstadt „In der Strangenhecke" und bei der nahe gelegenen Quelle; siehe auch Germania 7, 1923, 8).

Vor den Kelten (S. 33)

R. Baumeister, Glaubenssachen. Kult und Kunst der Bronzezeit (Bad Buchau 2011) 44 ff.

P. Kieselbach, Steinzeitliche Silexfunde aus der „Elsachstadt" des Oppidums Heidengraben. In: Th. Knopf, Der Heidengraben bei Grabenstetten. Archäologische Untersuchungen zur Besiedlungsgeschichte. Universitätsforsch. Prähist. Arch. 141 (Bonn 2006) 211–223.

R. Kreutle, Die Urnenfelderkultur zwischen Schwarzwald und Iller. Arbeiten Arch. Süddeutschlands 19 (Büchenbach 2007) 482 Taf. 49 D (Hülben).

Das Gräberfeld beim Burrenhof (S. 37)

F. Klein/J. Rehmet, Abschließende Untersuchungen im hallstattzeitlichen Grabhügelfeld beim Burrenhof, Gemeinde Grabenstetten, Kreis Reutlingen. Arch. Ausgr. Baden-Württemberg 1990, 74–79.

S. Kurz, Bestattungsbrauch in der westlichen Hallstattkultur (Südwestdeutschland, Ostfrankreich, Nordwestschweiz). Tübinger Schr. Ur- u. Frühgesch. Arch. 2 (Münster 1997).

G. Stegmaier, Neue Brandgräber der frühen Eisenzeit aus der Nekropole beim Burrenhof, Gde. Grabenstetten, Kreis Reutlingen. Arch. Ausgr. Baden-Württemberg 2004, 71–73.

G. Stegmaier/J. Petrasch, Ort der Lebenden, Ort der Toten – weitergehende Untersuchungen im Bereich des spätkeltischen Oppidums Heidengraben. Arch. Ausgr. Baden-Württemberg 2010, 131–135.

H. Zürn, Grabfunde. Hallstattzeitliche Grabfunde in Württemberg und Hohenzollern. Forsch. u. Ber. Vor- u. Frühgesch. Baden-Württemberg 25 (Stuttgart 1987) 63 ff.; 134 f.

Zentren der Macht (S. 59)

J. Collis, Oppida. Earliest towns north of the Alps. University of Sheffield (Sheffield 1984).

J. Collis, Zentralisierung und Urbanisierung in Europa nördlich der Alpen während der Eisenzeit. In: D. Krausse (Hrsg.), „Fürstensitze" und Zentralorte der frühen Kelten. Abschlusskolloquium des DFG-Schwerpunktprogramms 1171 in Stuttgart, 12.–15. Oktober 2009. Teil I. Forsch. u. Ber. Vor- u. Frühgesch. Baden-Württemberg 120/1 (Stuttgart 2010) 77–91.

S. Fichtl, La ville celtique. Les oppida de 150 av. J.-C. à 15 ap. J.-C. (Paris 2005).

M. Poux (Hrsg.), Corent – Voyage au coeur d'une ville Gauloise (Paris 2011).

S. Rieckhoff, Raumqualität, Raumgestaltung und Raumwahrnehmung im 2./1. Jahrhundert v. Chr. Ein anderer Zugang zu den ersten Städten nördlich der Alpen. In P. Trebsche/N. Müller-Scheessel/S. Reinhold (Hrsg.), Der gebaute Raum. Bausteine einer Architektursoziologie vormoderner Gesellschaften. Tübinger Arch. Taschenbücher 7 (Münster 2010) 275–306.

S. Sievers, Manching – Die Keltenstadt (Stuttgart 2003).

S. Sievers/M. Schönfelder (Hrsg.), Die Frage der Protourbanisation in der Eisenzeit (Bonn 2012).

Die spätkeltischen Befestigungsanlagen (S. 63)

J. Biel, Tor G. In: F. Fischer, Der Heidengraben bei Grabenstetten. Ein keltisches Oppidum auf der Schwäbischen Alb bei Urach. Führer Arch. Denkmäler Baden-Württemberg 2 (3. Aufl. Stuttgart), 1982, 71–75.

F. Fischer/D. Müller/H. Schäfer, Neue Beobachtungen am Heidengraben bei Grabenstetten, Kreis Reutlingen. Fundber. Baden-Württemberg 6, 1983, 333–349.

S. Fichtl (Hrsg.), Murus celticus. Architecture et fonctions des remparts de l'âge du Fer. Collection Bibracte 19 (Glux-en-Glenne 2010).

D. Müller, Grabenstetten, in: Fundber. Baden-Württemberg 22/2, 1998, 85–88.

H. Reim, Ein Wallschnitt durch den Heidengraben bei Hülben, Kreis Reutlingen. Fundber. Baden-Württemberg 3, 1977, 223–230.

Ackerbauern, Bronzegießer und Viehzüchter (S. 79)

Ch. Bock/A. Lehmkuhl, Die eisenzeitlichen Gesteinsfunde vom Heidengraben. In: Th. Knopf, Der Heidengraben bei Grabenstetten. Archäologische Untersuchungen zur Besiedlungsgeschichte. Universitätsforsch. Prähist. Arch. 141 (Bonn 2006) 175–195.

C. Dobiat/S. Sievers/Th. Stöllner (Hrsg.), Dürrnberg und Manching. Wirtschaftsarchäologie im ostkeltischen Raum. Akten des Internationalen Kolloquiums in Hallein/Bad Dürrnberg vom 7. bis 11. Oktober 1998 (Bonn 2002).

A. Lehmkuhl, Rotary querns from the Late La Tène found in the Oppidum of Heidengraben: a new type of volcanic rock and its origin. In: D. Williams/D. Peacock (Hrsg.), Bread for the People: The Archaeology of Mills and Milling. Proceedings of a colloquium held in the British School at Rome 4th–7th November 2009, University of Southhampton, Series in Arch. Monogr. No. 3 (2011) 81–84.

G. Stegmaier, Stadt – Land – Fluss: Überlegungen zum Wirtschafts- und Besiedlungsgefüge des spätkeltischen Oppidums Heidengraben und seines weiteren Umlands. In: R. Karl/J. Leskovar (Hrsg.), Interpretierte Eisenzeiten. Fallstudien, Methoden, Theorie. Tagungsbericht der 3. Linzer Gespräche zur interpretativen Eisenzeitarchäologie. Stud. Kulturgesch. Oberösterreich 22 (Linz 2009) 253–264.

G. Stegmaier, „Die Stadt im Kornfeld" – Untersuchungen zur Wirtschafts- und Besiedlungsstruktur des Oppidums Heidengraben. In: Produktion – Distribution – Ökonomie: Siedlungs- und Wirtschaftsmuster der Latènezeit. Publikation zum Internationalen Kolloquium vom 28.–30. 10. 2011 in Otzenhausen (in Vorb.).

H. Jankuhn/W. Janssen/R. Schmidt-Wiegand/H. Tiefenbach, Das Handwerk in vor- und frühgeschichtlicher Zeit I. Historische und rechtshistorische Beiträge und Untersuchungen zu Frühgeschichte der Gilde. Bericht über die Kolloquien der Kommission für die Altertumskunde Mittel- und Nordeuropas in den Jahren 1977 bis 1980. Abhandl. Akad. Wiss. Göttingen. Philol.-Hist. Kl. F. 3, Nr. 122 (Göttingen 1981).

H. Jankuhn/W. Janssen/R. Schmidt-Wiegand/H. Tiefenbach, Das Handwerk in vor- und frühgeschichtlicher Zeit I. Archäologische und philologische Beiträge. Bericht über die Kolloquien der Kommission für die Altertumskunde Mittel- und Nordeuropas in den Jahren 1977 bis 1980. Abhandl. Akad. Wiss. Göttingen. Philol.-Hist. Kl. F. 3, Nr. 123 (Göttingen 1983).

M. Rösch, Eisenzeitliche Pflanzenreste aus dem keltischen Oppidum Heidengraben bei Grabenstetten, Kreis Reutlingen. In: Th. Knopf, Der Heidengraben bei Grabenstetten. Archäologische Untersuchungen zur Besiedlungsgeschichte. Universitätsforsch. Prähist. Arch. 141 (Bonn 2006) 231–261.

M. Uerpmann/H.-P. Uerpmann, Tierknochenfunde auf dem Oppidum Heidengraben bei Grabenstetten (Kr. Reutlingen). In: Th. Knopf, Der Heidengraben bei Grabenstetten. Archäologische Untersuchungen zur Besiedlungsgeschichte. Universitätsforsch. Prähist. Arch. 141 (Bonn 2006) 263–290.

St. Wefers, Studien zu vorgeschichtlichen Drehmühlen in dem Gebiet zwischen den Produktionsstätten Mayen und Lovosice. Arch. Nachrbl. 14.3, 2009, 232–240.

Amphoren, Zölle, Wegerecht (S. 86)

C. Dobiat/S. Sievers/Th. Stöllner (Hrsg.), Dürrnberg und Manching. Wirtschaftsarchäologie im ostkeltischen Raum. Akten des Internationalen Kolloquiums in Hallein/Bad Dürrnberg vom 7. bis 11. Oktober 1998 (Bonn 2002).

K. Düwel/H. Jankuhn/H. Siems/D. Timpe (Hrsg.), Untersuchungen zu Handel und Verkehr der vor- und frühgeschichtlichen Zeit in Mittel- und Nordeuropa I. Berichte über die Kolloquien der Kommission für die Altertumskunde Mittel- und Nordeuropas in den Jahren 1980 bis 1983. Abhandl. Akad. Wiss. Göttingen. Philol.-Hist. Kl. F. 3, Nr. 143 (Göttingen 1985).

M. Nick, Gabe, Opfer, Zahlungsmittel. Strukturen keltischen Münzgebrauchs im westlichen Mitteleuropa.

Freiburger Beiträge zur Archäologie u. Geschichte des ersten Jahrtausends 12 (Rahden/Westf. 2006).

R. Nierhaus, Eine spätlatènezeitliche Riemenzunge der Stradonitz-Kultur von Grabenstetten (Kr. Reutlingen). Fundber. Schwaben N.F. 14, 1957, 100–106.

G. Stegmaier, Bemerkungen zu Lage und Bedeutung des spätkeltischen Oppidums Heidengraben. Naturraum, Topographie und Ökonomie. In: Kelten am Rhein. Akten des dreizehnten Internationalen Keltologiekongresses, 23. bis 27. Juli 2007 in Bonn. Beih. Bonner Jahrb. 58/1 (Bonn 2009) 161–170.

G. Wieland, Mittelmeer-Wein an der oberen Donau – Zeugnise des europaweiten Fernhandels in keltischer Zeit. In: Archäologie im Umland der Heuneburg. Neue Ausgrabungen und Funde an der oberen Donau zwischen Mengen und Riedlingen. Arch. Informationen Baden-Württemberg 40 (Stuttgart 1999) 69–76.

G. Wieland, Der Neckarraum und die obere Donau im Spiegel eisenzeitlicher Fernkontakte. In: A. Lang/V. Salač [Hrsg.], Fernkontakte in der Eisenzeit. Konferenz Liblice 2000 (Prag 2002) 187–193.

Nektar der Götter – der Wein (S. 91)

J.-P. Brun/M. Poux/A. Tchernia (Hrsg.), Le Vin. Nectar des Dieux, Génie des Hommes (Gollion 2004).

M. Feugère/C. Rolley (Hrsg.), La vaisselle tardo-républicaine en bronze (Dijon 1991).

Th. Knopf, Der Heidengraben bei Grabenstetten. Archäologische Untersuchungen zur Besiedlungsgeschichte. Universitätsforsch. Prähist. Arch. 141 (Bonn 2006) 75–97.

M. Poux, L'âge du vin. Rites de boisson, festins et libations en Gaule indépendante (Montagnac 2004).

S. Rieckhoff, Ein „keltisches Symposion". Spätrepublikanisches Bronzegeschirr vom Mont Beuvray als wirtschaftlicher und gesellschaftlicher Faktor. In: A. Müller-Karpe/H. Brandt/H. Jöns/ D. Krausse/A. Wigg (Hrsg.), Studien zur Archäologie der Kelten, Römer und Germanen in Mittel- und Westeuropa (Rahden/Westf 1998) 489–517.

S. Sievers, Der Fernhandel am Ende der Latènezeit. In: C. Haselgrove (Hrsg.), Celtes et Gaulois, l'Archéologie face à l'Histoire. 4: Les mutations de la fin de l'âge du Fer. Collection Bibracte 12/4 (Glux-en-Glenne 2006) 67–81.

„Stadtmensch" und Landadel (S. 98)

C. Dobiat/S. Sievers/Th. Stöllner (Hrsg.), Dürrnberg und Manching. Wirtschaftsarchäologie im ostkeltischen Raum. Akten des Internationalen Kolloquiums in Hallein/Bad Dürrnberg vom 7. bis 11. Oktober 1998 (Bonn 2002).

A. Lehmkuhl/G. Stegmaier, Vor den Toren der Stadt. Arch. Deutschland 5, 2008, 38

G. Stegmaier, Stadt – Land – Fluss: Überlegungen zum Wirtschafts- und Besiedlungsgefüge des spätkeltischen Oppidums Heidengraben und seines weiteren Umlands. In: R. Karl/J. Leskovar (Hrsg.), Interpretierte Eisenzeiten. Fallstudien, Methoden, Theorie. Tagungsbericht der 3. Linzer Gespräche zur interpretativen Eisenzeitarchäologie. Studien zur Kulturgeschichte von Oberösterreich 22 (Linz 2009) 253–264.

Totenkult am Hügelgrab (S. 100)

S. Kurz, Nachhallstattzeitliche Funde aus dem Grabhügelfeld vom Burrenhof. In: Opuscula [Festschrift F. Fischer]. Tübinger Beitr. Vor- u. Frühgesch. 2 (Tübingen 1987) 101–127.

M. Poux, LÂge du vin. Rites de boisson, festins et libations en Gaule indépendante. Protohist. Européenne 8 (Montagnac 2004).

G. Stegmaier/J. Petrasch, Ort der Lebenden, Ort der Toten – weitergehende Untersuchungen im Bereich des spätkeltischen Oppidums Heidengraben. Arch. Ausgr. Baden-Württemberg 2010, 131–135.

Die „Stadt" und ihr Umland (S. 104)

K. Bittel, Die Kelten in Württemberg. Röm.-Germ. Forsch. 8 (Berlin/Leipzig 1934).

F. Fischer, Alte und neue Funde der Latène-Periode aus Württemberg. Fundber. Schwaben N.F. 18/I, 1967, 61–106.

G. Wieland, Die Spätlatènezeit in Württemberg. Forsch. u. Ber. Vor- u. Frühgesch. Baden-Württemberg 63 (Stuttgart 1996).

G. Wieland, Überlegungen zur Höhlennutzung während der Spätbronze- und Eisenzeit. In: H. Küster/A. Lang/P. Schauer (Hrsg.), Archäologische Forschungen in urgeschichtlichen Siedlungslandschaften. Festschrift G. Kossack zum 75. Geburtstag. Regensburger Beitr. Prähist. Arch. 5 (Regensburg 1998) 389–417.

Rätselhaftes Schicksal (S. 106)

G. Dobesch s.v. „Helvetiereinöde" in: Reallexikon zur germanischen Altertumskunde Bd. 14 (2. Aufl. Berlin, New York 1999) 351–374.

A. Furger(-Gunti), Die Helvetier. Kulturgeschichte eines Keltenvolkes (Zürich 1984; 6. Aufl. 2003) bes. 75–88.

C.-M. Hüssen/W. Irlinger/W. Zanier (Hrsg.), Spätlatènezeit und frühe römische Kaiserzeit zwischen Alpenrand und Donau. Akten des Kolloquiums in Ingolstadt am 11. und 12. Oktober 2001. Kolloquien Vor- u. Frühgesch. 8 (Bonn 2004).

A. Kleineberg/Chr. Marx/E. Knobloch/D. Lelgemann, Germania und die Insel Thule. Die Entschlüsselung von Ptolemaios' „Atlas der Oikumene" (Darmstadt 2010).

S. Rieckhoff, Süddeutschland im Spannungsfeld von Kelten, Germanen und Römern. Studien zur Chronologie der Spätlatènezeit im südlichen Mitteleuropa. Trierer Zeitschr. Beih. 19 (Trier 1995).

Römische Kaiserzeit und Mittelalter (S. 111)

M. Bach, in: Württembergische Vierteljahresh. Landesgesch. 13, 1890, 21 (Sondierung der Ruinen am „Burghörnle", Markung Beuren).

Ch. Bizer/R. Götz, Die Thietpoldsispurch und die Burgen der Kirchheimer Alb. Schriftenreihe des Stadtarchivs Kirchheim unter Teck 21, 2004, 89–95 (Ruine Hofen).

D. Braun, Heimatbuch Beuren. Von den urweltlichen Zeugen unserer Gemarkung bis zum Jahr 2004 und Haus- und Familiengeschichten 1550–1982 (2004) 42.

J. Heiligmann, Der „Alblimes". Ein Beitrag zur römischen Besetzung Südwestdeutschland. Forsch. u. Ber. Vor- u. Frühgesch. Baden-Württemberg 35 (Stuttgart 1991).

Th. Knopf, Römische Funde innerhalb und außerhalb der „Elsachstadt". In: Ders., Der Heidengraben bei Grabenstetten. Archäologische Untersuchungen zur Besiedlungsgeschichte. Universitätsforsch. Prähist. Arch. 141 (Bonn 2006) 197–199.

U. Klein/R. Ulmer, Der Fund von Hülben, Kreis Reutlingen (verborgen um 1300). Schweizer Münzbl. 42, 1992, Nr. 165, 36

S. Lorenz/A. Schmauder, Beuren und Balzholz. Die Geschichte einer Gemeinde am Fuße der Schwäbischen Alb (Filderstadt 2004) 54–57.

O. Paret, Die Siedlungen im römischen Württemberg. In: F. Hertlein/O. Paret/F. Gößler, Die Römer in Württemberg III (1928) 303 (Brucker Fels).

D. Quast, Die frühalamannische und merowingerzeitliche Besiedlung im Umland des Runden Berges bei Urach. Forsch. u. Ber. Vor- u. Frühgesch. Baden-Württemberg 84 (Stuttgart 2006).

G. Schmitt, Burgenführer Schwäbische Alb. Bd. 4 Alb Mitte-Nord (Biberach 1991) 153–156 (Hofen); 177–196 (Hohenneuffen).

R. Schreg, Mittelalterliche und neuzeitliche Funde vom Heidengraben. In: Th. Knopf, Der Heidengraben bei Grabenstetten. Archäologische Untersuchungen zur Besiedlungsgeschichte. Universitätsforsch. Prähist. Arch. 141 (Bonn 2006) 201–210.

Bildnachweis

1, 53, 54, 58, 59, 60, 62, 63 S. 78, 106, 107, 110, 111, 113, 114 Landesamt für Denkmalpflege im Regierungspräsidium Stuttgart/alle Luftaufnahmen Foto: O. Braasch, Landshut; 2, 3, P. Palm, Berlin; 4 P. Palm, Berlin nach J. Collins, The Celts (2006); 5 J. Rehmet, Carnyx; 6 Bildquelle: www.oppida.org © St. Fichtl, Universität Tours; 7, 8 © Kartengrundlage Landesamt für Geoinformation und Landentwicklung Baden-Württemberg (www.lgl-bw.de). Orohydrographische Karte M. 1:200 000, Bl. 7520 Reutlingen und 7522 Bad Urach, thematisch ergänzt von G. Stegmaier/J. Wahr; 9, 18 Landesmuseum Württemberg, Stuttgart/Foto: K. Natter; 10 Aus: Fundber. Schwaben 1, 1893, 27–34; 11, 16 Aus: P. Goeßler und F. Hertlein, Aus der Frühzeit des Nürtinger Bezirks (Stuttgart, 1924) Abb. 2,19; 4; 12 Aus: Bl. Schwäb. Albver. 18, 1906 Nr. 11, Spalte 359 u.l.; 13, 41 M. Seitz, ARCHÄO-Service Rottenburg; 14, 22, 90Regierungspräsidium Tübingen, Ref. Denkmalpflege, G. Stegmaier; 15, 98, 99, 100, 102, 108, 109, 115 Th. Blank, Alb-Magazin; 16, 97 Inst. f. Ur. u. Frühgesch. u. Arch. MA, Universtität Tübingen, A. Frey; 19 Aus: R. Kreutle, Die Urnenfelderkultur zwischen Schwarzwald und Iller. Arbeiten Arch. Süddeutschlands 19 (Büchenbach 2007) Taf. 49 D; 20, 71, 72 Landesmuseum Württemberg, Stuttgart/Foto: P. Frankenstein, F. Zwietasch; 21, 23, 26, 27, 28, 29, 30, 31, 32, 33, 37, 73 Regierungspräsidium Tübingen, Referat Denkmalpflege; 24, 25, 42, 64, 67, 70, 74, 81, 82, 84, 96 Foto: Christoph Schwarzer, Regierungspräsidium Tübingen, Referat Denkmalpflege; 34 © Kartengrundlage Landesamt für Geoinformation und Landentwicklung Baden-Württemberg (www.lgl-bw.de), thematisch ergänzt von G. Stegmaier; 35, 36, 65, 66, 68Inst. f. Ur- u. Frühgesch. u. Arch. MA„ Universität Tübingen/Foto: H. Jensen; 38, 48 Inst. f. Ur- u. Frühgesch.u. Arch. MA , Universität Tübingen/A. Frey, A. Mainka-Mehling; 39 Keltenmuseum Eberdingen-Hochdorf; 42 U. v. Freeden/S. Schnurbein (Hrsg.), Spuren der Jahrtausende (2002) Abb. 410; H.-J. Köhler RGK; 43, 85 Aus: S. Sievers, Manching – Die Keltenstadt (Stuttgart 2003); 44 Aus: U. v. Freeden/S. v. Schnurbein (Hrsg), Spuren der Jahrtausende (Stuttgart 2002) Abb. 409/ F. Bau, Arhus; 45 Aus: J. Metzler/C. Gaeng, Protohistoire. In: Préhistoire et Protohistoire au Luxembourg (Luxemburg 2005) S. 125–221; 46, 50, 52 Aus: F. Fischer, Der Heidengraben bei Grabenstetten. Ein keltisches Oppidum auf der Schwäbischen Alb. Führer Arch. Denkmäler Baden-Württemberg 2 (Stuttgart 1982) 45 Abb. 9; Abb. 32; 47 Landesamt für Denkmalpflege im Regierungspräsidium Stuttgart, ergänzt durch A. Willmy; 49 Aus: Bl. Schwäb. Albver. 18, 1906, Nr. 11, 358 u.r.; 51 Aus: H. Reim, Fundber. Baden-Württemberg 3, 1977, 229 Abb. 7;; 55 Aus: Th. Knopf, Der „Heidengraben" bei Grabenstetten. Archäologische Untersuchungen zur Besiedlungsgeschichte. Universitätsforsch. Prähist. Arch. 141 (Bonn 2006) Beil. 1; 56/57 © Kartengrundlage Landesamt für Geoinformation und Landentwicklung Baden-Württemberg (www.lgl-bw.de). Aus: Fundber. Baden-Württemberg 22/2, 1998, Abb. 32–33; 61 Aus: Bl. Schwäb. Albvereins 18, 1906, 11, 362.; 69, 89 D. Hagmann, 3dmuseum, Bietigheim; 75, 76, 86, G. Stegmaier; 80 Aus: J. Werner, Zur Bronzekanne von Kelheim. Bayer. Vorgeschbl. 43, 1978, Abb. 1; 77, 87/88, 92 Landesmuseum Württemberg, Stuttgart/Foto: H. Zwietasch; 79 A. Willmy, ARCHÄO Rottenburg; 83 Landesmuseum Württemberg, Stuttgart/Foto: U. Klein; ; 91 G. Wieland, Die Spätlatènezeit in Württemberg. Forsch. u. Ber. Vor- u. Frühgesch. Baden-Württemberg 63 (Stuttgart 1996) Taf. 55 D; 93 Landesamt für Denkmalpflege im Regierungspräsidium Stuttgart/ J. Sailer; 94 Bernisches Historisches Museum. Aus: F. Müller/G. Lüscher, Die Kelten in der Schweiz (Stuttgart 2004); 95 Landesmuseum Württemberg, Stuttgart/Foto: M. Ohm; 101 Landesamt für Denkmalpflege im Regierungspräsidium Stuttgart; 103 Aus: F. Fischer, Der Heidengraben bei Grabenstetten. Ein keltisches Oppidum auf der Schwäbischen Alb. Führer Arch. Denkmäler Baden-Württemberg 2 (Stuttgart 1982) 151 Abb. 66.; 104, 105 Institut für Ur- und Frühgeschichte und Archäologie des Mittelalters, Universität Tübingen; 112 © Kartengrundlage Landesamt für Geoinformation und Landentwicklung Baden-Württemberg (www.lgl-bw.de), Aus: Fundber. Baden-Württemberg 6, 1981, Abb. 3.

Karten U2+U3 Grundlage Topographische Übersichtskarte 1:200 000 Orohydrographische Ausgabe – © Bundesamt für Kartographie und Geodäsie, Topographische Karte 1:25 000 und 1:50 000 – © Landesamt für Geoinformation und Landentwicklung Baden-Württemberg (www.lgl-bw.de), vom 22.08.2012, Az.: 2851.2-D/7666.

Leider war es uns nicht immer möglich, eventuelle Rechteinhaber festzustellen bzw. ausfindig zu machen. Berechtigte Ansprüche werden selbstverständlich im Rahmen der üblichen Honorarsätze vergütet.

Die Autoren

Dr. Dorothee Ade
IKU Institut für Kulturvermittlung GbR
Hirschgasse 3
72108 Rottenburg am Neckar

Christel Bock
Ermsstraße 50
72658 Bempflingen

Dr. Manuel Fernández-Götz
Regierungspräsidium Stuttgart
Landesamt für Denkmalpflege
Berliner Straße 12
73728 Esslingen

Sybil Harding M.A.
Kappelstr. 8
72147 Nehren

Dr. Frieder Klein
Regierungspräsidium Tübingen
Referat Archäologische Denkmalpflege
Alexanderstraße 48
72072 Tübingen

Achim Lehmkuhl
Ermsstraße 50
72658 Bempflingen

Dr. Michael Nick
Inventar der Fundmünzen der Schweiz
Aarbergergasse 30
Postfach 6855
CH-3002 Bern

Lisa Rademacher M.A.
Stauffenbergstraße 78
72074 Tübingen

Gerd Stegmaier M.A.
c/o Institut für Ur- und Frühgeschichte und
Archäologie des Mittelalters (Jüngere Abteilung)
Eberhard-Karls-Universität Tübingen
Schloss Hohentübingen
72070 Tübingen

Dr. Andreas Thiel
Regierungspräsidium Stuttgart
Landesamt für Denkmalpflege
Berliner Straße 12
73728 Esslingen

Andreas Willmy M.A.
IKU Institut für Kulturvermittlung GbR
Hirschgasse 3
72108 Rottenburg am Neckar